www.ingramcontent.com/pod-product-compliance
Lightning Source LLC
LaVergne TN
LVHW010603070526
838199LV00063BA/5057
* 9 7 8 9 3 5 8 7 2 3 3 1 1 *

سفید خون

(ڈراما)

آغا حشر کاشمیری

ترتیب و تصحیح

ڈاکٹر انجمن آرا انجم

(علی گڑھ مسلم یونیورسٹی، علی گڑھ)

:

© Dr. Anjuman Ara Anjum

Safed Khoon *(Drama)*
by: Agha Hashar Kashmiri
Edition: May '2024
Publisher :
Taemeer Publications LLC (Michigan, USA / Hyderabad, India)

ISBN 978-93-5872-331-1

مصنف یاناشر کی پیشگی اجازت کے بغیر اس کتاب کا کوئی بھی حصہ کسی بھی شکل میں بشمول ویب سائٹ پر اَپ لوڈنگ کے لیے استعمال نہ کیا جائے۔ نیز اس کتاب پر کسی بھی قسم کے تنازع کو نمٹانے کا اختیار صرف حیدرآباد (تلنگانہ) کی عدلیہ کو ہوگا۔

©ڈاکٹر انجمن آرا انجم

کتاب	:	**سفید خون** (ڈراما)
مصنف	:	**آغا حشرؔ کاشمیری**
ترتیب و تصحیح	:	ڈاکٹر انجمن آرا انجمؔ
صنف	:	ڈراما
ناشر	:	تعمیر پبلی کیشنز (حیدرآباد، انڈیا)
سالِ اشاعت	:	۲۰۲۴ء
صفحات	:	۸۴
سرورق ڈیزائن	:	تعمیر ویب ڈیزائن

فہرست

پہلا باب
پہلا سین
دوسرا سین
تیسرا سین
چوتھا سین
پانچواں سین

دوسرا باب
پہلا سین
دوسرا سین
تیسرا سین
چوتھا سین
پانچواں سین

تیسرا باب
پہلا سین
دوسرا سین
تیسرا سین
چوتھا سین

انتساب

اپنے
مرحوم والدین
کے نام
جنھوں نے مجھے علم کی وہ شمعِ فروزاں
عطا کی جس کی روشنی میں
دینی، دنیوی اور روحانی سعادت و مسرت
کے لازوال خزینوں تک
میری رسائی ہو سکی

انجمن آرا انجمؔ

(اصل کتاب میں تین ڈرامے شامل ہیں، یہاں ڈرامے الگ الگ کر دئے گئے ہیں۔)

مقدمہ

ڈرامے کو یونانی اور سنسکرت روایات میں قدیم زمانہ سے بڑی اہمیت حاصل رہی۔ ان روایات میں وہ مذہب کا بھی حصہ تھا اور شعری و ادبی سرمایہ کا بھی۔ لیکن دونوں ہی زبانوں میں یہ اپنے عروج تک پہنچ کر زوال کا شکار ہو گیا۔ ہندوستان کی دوسری زبانوں میں بھی یہ روایات آگے نہ بڑھ سکی۔ اردو شعر و ادب کا آغاز ہوا تو مختلف شعری و نثری اصناف پر توجہ دی گئی۔ لیکن ڈرامے کی طرف کوئی التفات نہ ہوا۔ اس کے بہت سے اسباب ہو سکتے ہیں۔ لیکن شاید ایک بڑا سبب یہ بھی تھا کہ ڈراما لکھنے پڑھنے سے زیادہ۔۔۔ ۔۔۔۔۔۔ "کھیلنے" کا متقاضی ہوتا تھا جس میں مختلف کرداروں کا بہروپ بھرنا ہوتا تھا اور یہ کام بھانڈوں اور نقالوں سے وابستہ قرار دیا جاتا تھا اور متانت اور سنجیدگی کے خلاف۔ شاید اسی لیے اربابِ قلم نے اس کو قابلِ اعتنا نہ خیال کیا۔ تا آنکہ علم و ادب کے رسیا، کھیل تماشوں کے شوقین، رقص و موسیقی کے دلدادہ اور جدت پسند طبع کے مالک نواب واجد علی شاہ کا اس طرف میلان ہوا۔ انھوں نے "رادھا کنھیا کا قصہ" کو ۱۸۴۳ء میں رہس کی شکل میں اسٹیج پر پیش کیا۔ خود اس میں کردار ادا کیا۔ اور بھی کئی رہس اس شاہی اسٹیج پر دکھائے گئے۔ اس طرح شاہی سرپرستی میں ڈراما کھیلا گیا۔ تو لوگوں کی جھجھک دور ہوئی اور جلد ہی اہل اردو ڈراما نگاری کی طرف مائل ہو گئے۔ دس سال کے اندر اندر ہی امانت کی "اندر سبھا" نے اسٹیج کی دنیا میں دھوم مچا دی۔ اسی دوران تھیٹر کا رواج شروع ہو گیا تھا۔ مغربی اثرات کے تحت بہت سی تھیٹریکل کمپنیاں وجود میں آ گئیں۔ ان کی ضرورتوں کو پورا کرنے کے لیے لکھنے والوں کی ایک بڑی تعداد ابھر کر سامنے آئی۔

آغا حشرؔ (۱۸۷۹۔ ۱۹۳۵) اردو ڈرامے کی دنیا میں ایک بلند قامت حیثیت سے ابھرے۔ انھوں نے ڈرامے کی دنیا میں ایک انقلاب برپا کر دیا۔ انھوں نے مختلف تھئیٹریکل کمپنیوں میں کام کیا۔ اپنی کمپنی قائم کی، متواتر ڈرامے لکھے، خود ان کی ہدایت کاری کی اور ڈرامے کھیلنے کے معیار کو بلندی بخشی۔ ان کے زیادہ تر ڈرامے ماخوذ ہیں۔ انگریزی کے مقبول و معروف ڈراموں کو انھوں نے اردو جامہ پہنایا۔ انھوں نے کرداروں کے ناموں، مکالمات، گانوں اور ڈراموں کی پوری فضا کو مشرقی رنگ میں ایسا رنگ دیا کہ کہیں اجنبیت اور پردیسیت کا احساس نہیں ہوتا۔ انھوں نے کرداروں کو ہندوستانی تہذیب و معاشرت میں اس طرح ڈھال دیا کہ وہ نامانوس نہیں معلوم ہوتے۔ اپنے چست مکالموں، اعلیٰ پایہ کے گانوں، برجستہ گوئی اور زبان کے اعلیٰ معیار سے ان ڈراموں کو ادبی وقار بخشا۔

بیسویں صدی میں سنیما کا چلن عام ہونا شروع ہوا تو تھئیٹر اور اسٹیج پر پھر زوال کے سائے منڈلانے لگے۔ فلمیں عوامی دلچسپی اور تفریح کا ذریعہ بن گئیں۔ دھیرے دھیرے تھئیٹر کی عوامی مقبولیت ختم ہو گئی۔ ان ڈراموں کی طباعت و اشاعت بھی معدوم ہوتی گئی۔ یہاں تک کہ اب ان کا دستیاب ہونا مشکل ہے۔

اس سے انکار نہیں کیا جا سکتا یہ ڈرامے (جو تقریباً ایک صدی پر محیط ہیں) ہماری ادبی روایت کا اہم حصہ ہیں۔ ان کو محفوظ رکھنا اور ان کا ادبی مطالعات میں شامل رکھنا ہمارا فرض ہے۔ تھئیٹر کا رواج ختم ہونے کے باوجود ہم ان ڈراموں سے صرف نظر نہیں کر سکتے۔ بالکل اسی طرح جیسے قصیدے کا ماحول ختم ہونے کے باوجود ہم اس کے مطالعہ کو نظر انداز نہیں کر سکتے یا کلاسیکی غزل کو ادبی مطالعہ سے خارج نہیں کر سکتے۔ لیکن اگر

متون ہی دستیاب نہ ہوں تو پھر کوئی بھی مطالعاتی کوشش نہیں کی جاسکتی۔ ضرورت اس بات کی ہے کہ اس دور کے اُن تمام ڈراموں کے متون مہیا کرائے جائیں جن کی اپنے زمانہ میں عام مقبولیت رہی تاکہ یہ ادبی مطالعہ کے لیے بنیاد فراہم کریں۔ اس کے بغیر ہماری ادبی تاریخ تشنہ رہ جائیگی۔

ڈاکٹر انجمن آرا انجم جن کے تحقیقاتی کاموں کا مرکز و محور آغا حشر اور ان کے ڈرامے رہے ہیں، مبارکباد کی مستحق ہیں کہ انھوں نے حشر کے تین ڈراموں-----------

سفید خون، یہودی کی لڑکی اور رستم وسہراب

کے معتبر متون پیش کرنے کی کوشش کی ہے۔ بہت ہی دشواریوں کے باوجود، بقول مؤلفہ، "ہم نے پوری کوشش کی ہے کہ ان نقائص واسقام سے پاک حشر کے ڈراموں کا صحیح متن پیش کر دیں۔ چنانچہ جو اشعار یا گانے وزن سے گرے ہوئے نظر آئے اُن کا وزن درست کر دیا گیا ہے۔، مقفیٰ عبارتوں میں جہاں جھول نظر آیا، اسے نکال دیا گیا ہے۔ مکالموں کے غلط انتساب کی تصحیح کر دی گئی ہے۔ الفاظ اور فقرے اگر رہ گئے ہیں تو انھیں فراہم کر دیا گیا ہے اور اگر عبارت میں کسی طرح کا اضافہ دخیل ہو گیا ہے تو اسے خارج کر دیا گیا ہے۔"

ابتدائی تین ابواب ڈرامے کی مختصر تاریخ، آغا حشر کے حالاتِ زندگی اور آغا حشر کے فن پر گفتگو کے لیے وقف کیے گئے ہیں۔ آخر میں تینوں ڈراموں کا متن دیا گیا ہے۔ ہر ڈرامے کے شروع میں قصہ کا خلاصہ، اس کا مختصر تعارف اور اس پر تبصرہ بھی لکھا گیا ہے جس سے اس پیش کش کی افادیت بڑھ گئی ہے۔

مؤلفہ نے ایک اہم ضرورت کی تکمیل کی بنیاد ڈالی ہے۔ ممکن ہے حشر کے باقی ڈراموں کے متون بھی وہ مرتب کر سکیں اور یہ اس بات کا پیش خیمہ بن جائے کہ دوسرے محققین دوسرے ڈراما نگاروں کے ڈراموں کے متون کی تدوین و ترتیب کا کام انجام دے سکیں۔

پروفیسر عتیق احمد صدیقی
سابق صدر شعبۂ اردو اور ڈین فیکلٹی آف آرٹس
اے۔ ایم۔ یو۔ علی گڑھ

تعارف

سفید خون، حشرؔ کی ڈراما نگاری کے دوسرے دور کی پیشکش ہے۔ اس کا پلاٹ شیکسپیئر کے مشہور المیہ کنگ لیئر (King Lear) سے ماخوذ ہے، یہ ڈراما اردشیر دادابھائی ٹھونٹھی کی بمبئ ناٹک منڈلی کے لیے ۱۹۰۷ء میں بمشاہرہ ڈھائی سو روپیہ ماہوار تقریباً سات مہینے میں قلم بند کیا۔ "(۲۶)

سفید خون تین ایکٹ کا ڈراما ہے۔ پہلے ایکٹ میں پانچ سین، دوسرے میں بھی پانچ اور تیسرے میں چار ہیں، کل چودہ سین ہیں۔ *

پلاٹ :۔ ڈرامے کا پلاٹ بیٹی کی راست گوئی برداشت نہ ہونے پر شہنشاہ خاقان کا جلد بازی اور عالمِ غیظ و غضب میں ناعاقبت اندیشانہ فیصلہ اور اس کے عبرت ناک نتائج، وزیروں کی وفاداری، نیک اور حق گو بیٹی کی آزمائش، خوشامدی اور ریاکار بیٹیوں اور جعل ساز و دغاباز بیرم کی قدم قدم پر سازشوں نیز اقتدار کی ہوس اور نتیجے میں ان کی بداعمالیوں کے المناک انجام سے متعلق ہے۔

شہنشاہِ خاقان ضعیف ہو جانے کی وجہ سے اپنی سلطنت اپنی تینوں بیٹیوں میں تقسیم کرنا چاہتا ہے تاکہ وہ انتظامِ حکومت سے دست بردار ہو کر اپنی باقی زندگی سکون سے گزار سکے۔ چنانچہ وہ باری باری اپنی تینوں بیٹیوں ماہ پارہ، دل آرا اور زارا کو بلا کر سوال کرتا ہے کہ تم کو مجھ سے کتنی محبت ہے؟ دونوں بڑی بیٹیاں ماہ پارہ اور دل آرا مبالغہ آمیزی سے والد کے لیے اپنی محبت کا اظہار کرتی ہیں مگر چھوٹی بیٹی زارا ان دونوں اور والد کی توقع کے

خلاف یہ جواب دیتی ہے کہ میں آپ سے اتنی ہی محبت کرتی ہوں جتنی ایک بیٹی باپ سے کر سکتی ہے۔ اس حق گوئی پر شہنشاہ چراغ پا ہو جاتا ہے اور ملکیت دونوں بیٹیوں میں نصف نصف تقسیم کر دیتا ہے۔ چھوٹی بیٹی زارا کو اس کے حق سے محروم کر دیتا ہے۔ غصے اور جلد بازی میں کیا گیا غلط فیصلہ شہنشاہ کی ذہنی اور روحانی اذیت کا باعث بنتا ہے۔ خاقان اپنی دونوں بیٹیوں کے یہاں مع اپنے لاؤ لشکر قیام کی غرض سے جاتا ہے لیکن وہ دونوں والد کے ساتھ انتہائی ظالمانہ اور ناقابلِ برداشت سلوک کرتی ہیں۔ خاقان نے اپنی بیٹیوں سے جو امیدیں وابستہ کر رکھی تھیں وہ دم توڑ دیتی ہیں۔ نتیجہ یہ ہوتا ہے کہ وہ اس جانکاہ صدمے سے پاگل ہو جاتا ہے اور جنگل کا رخ اختیار کرتا ہے۔ مصائب کے اس طوفان میں دونوں وزیر ارسلان اور سعدان، زارا اور اس کا شوہر خاقان کا ساتھ دیتے ہیں۔

وزیر سعدان کے دو بیٹے ہیں بیرم اور پرویز۔ پرویز نیک اور شریف ہے جب کہ بیرم انتہائی مکار، دغاباز، سازشی اور آوارہ ہے۔ وہ ایک جعلی خط کے ذریعہ والد سعدان پر یہ ثابت کر دیتا ہے کہ پرویز جائداد کے لالچ میں سعدان کو قتل کرنا چاہتا ہے۔ واقعہ یہ ہے کہ وہ خود باپ کو اپنے راستے سے ہٹانا چاہتا ہے۔

سعدان، بیرم کے ذریعہ طرّم سپہ سالار کو خط بھجواتا ہے جس میں اس کو شہنشاہ خاقان کا ساتھ دینے کے لیے لکھا ہے۔ بیرم وہ خط طرّم کی بجائے ماہ پارہ اور دل آرا کو دکھاتا ہے جس پر انھیں بہت غصہ آتا ہے اور وہ غدّاری کے جرم میں سعدان کو مار ڈالنا چاہتی ہیں مگر عین وقت پر دل آرا کا شوہر جلّاد کو ہلاک کر دیتا ہے اور سعدان کی طرف داری کرتا ہے۔ ردِّ عمل کے طور پر دل آرا اپنے شوہر کو ختم کر دیتی ہے اور ماہ پارہ، سعدان کے گولی مار دیتی ہے۔

دونوں خبیث بہنیں ماہ پارہ اور دل آرا اپنے باپ خاقان کو قتل کرنے کا منصوبہ بناتی

ہیں۔ بیرم بیک وقت دونوں بہنوں سے اپنی جھوٹی محبت کا دعویٰ کرتا ہے۔ وہ تینوں بہنوں اور خاقان کو قتل کرنے کا منصوبہ بناتا ہے تاکہ وہ سلطنت پر قابض ہو جائے۔ بیرم، ماہ پارہ کو زارا کے قتل کے لیے آمادہ کرتا ہے۔ وہ دل آرا کو شراب پلا کر مست کر دیتا ہے۔ وہ عالمِ نشہ میں زارا کے پلنگ پر لیٹ جاتی ہے۔ مرتے وقت دل آرا، ماہ پارہ کو بیرم کی چال بازی کے متعلق بتا دیتی ہے۔ ماہ پارہ، بیرم کے طمنچہ مارتی ہے اور بیرم، ماہ پارہ کے۔ دونوں مر جاتے ہیں۔ خاقان کو جو سپاہی گرفتار کر کے لے گئے تھے ان کو زارا کا شوہر ختم کر دیتا ہے۔ آخر میں شہنشاہ خاقان، زارا اور اس کا شوہر تینوں مل جاتے ہیں۔

کردار نگاری:۔ "سفید خون" میں زارا کا کردار سب سے زیادہ متاثر کرتا ہے۔ اس کا کردار ایک حق پسند، صاف گو، فرمانبردار اور اطاعت گزار بیٹی کا کردار ہے۔ حالانکہ سچ بولنے پر خاقان اسے اپنی ملکیت میں اس کا حق دینے سے قطعی انکار کر دیتا ہے۔ لیکن جب دونوں بیٹیوں ماہ پارہ اور دل آرا کے غیر انسانی اور بہیمانہ سلوک سے وہ اپنا ذہنی توازن کھو بیٹھتا اور مصائب کے طوفان میں گھِر جاتا ہے تو زارا ہی اس کی خبر گیری کرتی اور بیٹی ہونے کا فرض خوش اسلوبی سے انجام دیتی ہے۔ وہ بلندیِ کردار اور راست بازی کی وجہ سے قارئین و ناظرین کی ہمدردی حاصل کر لیتی ہے۔ وہ شرافت، ایمانداری اور فرض شناسی جیسے اوصاف کا ایک جیتا جاگتا نمونہ ہے۔

خاقان کے کردار میں جذبات کی شدّت، گفتگو میں تیزی اور مزاج میں غصہ اور خوشامد پسندی پائی جاتی ہے۔ وہ خود اپنی کمزوریوں کا شکار ہو کر مصیبتوں میں گرفتار ہوتا ہے۔ وہ غصہ ور اور خوشامد پسند ہے اور اسی کمزوری کے باعث وہ غلط فیصلہ کر کے پریشانیوں اور تکلیفوں کو دعوت دیتا ہے۔ ماہ پارہ اور دل آرا کے ناقابلِ برداشت سلوک سے اس کے شاہانہ وقار کو ٹھیس پہنچتی ہے۔ ان کے خلاف اس کے سینے میں نفرت کا دہکتا

ہوا الاوابد دعاؤں کی شکل اختیار کر لیتا ہے۔ طوفانِ باد و باراں میں قسمت کا مارا ہوا ایک شہنشاہ گھرا ہوا ہے۔ ارسلان (وزیرِ خاقان) اُس کے ساتھ ہے۔ اس عبرت ناک منظر کی تصویر کشی اور خاقان کے کردار میں جذبے کی شدت اور زورِ عمل کو ہم آہنگ کرتے ہوئے حشرؔ نے انتہائی چابک دستی سے ڈرامائی کیفیت پیدا کی ہے۔

خاقان۔ خوب برسو، خوب چمکو، ہوا، آگ، مٹی، پانی، ان سب کو رشوت دی گئی ہے ، یہ سب میری بیٹیوں سے مل گئے ہیں، تو بھی ان سے مل جا۔

ارسلان۔ حضور برف گر رہی ہے۔

خاقان:۔ گرنے دے، چل اے ہوا خوب زور سے چل، اے بادلو !اتنی شدت سے برسو کہ پہاڑوں کی چوٹیاں، محلوں کے گنبد، قلعوں کی مینار، یہ سب تہِ آب ہو جائیں۔

ارسلان۔ ایسی اولاد پر لعنت ہو جس کے دل میں ایسا زہریلا مادہ پیدا ہو جاتا ہے۔

خاقان۔ ہاں، اور اس باپ پر بھی لعنت ہو جو اپنے نطفے سے ایسی ناخلف اولاد پیدا کرتا ہے اور اس ماں پر بھی لعنت ہو جو اپنی چھاتیوں کا دودھ پلا پلا کر دنیا کی مصیبتوں کو بڑھاتی ہے اور اس محبت پر بھی لعنت ہو جو ایسے زہریلے دانت والے کتّوں کو پالتی ہے۔

خاقان کو یہ احساسِ شدید کہ خوشامد اور جھوٹی تعریف ہی کی وجہ سے وہ اپنا سب کچھ لٹا بیٹھا اور سچ کو برداشت نہ کر سکا، بار بار کچوکے لگاتا ہے اور اسے ایک عام انسان کے دکھوں کا اندازہ ہوتا ہے۔

خاقان۔ اے شاہی شان و شوکت تو ان تکلیفوں کو برداشت کر، اگر تو سردی اور طوفان میں نہ پڑتا تو خدا کے قہر و غضب سے نہ ڈرتا۔ اگر مصیبت امیروں کے سر نہ ہوتی تو خدا کے غریب بندے کس تکلیف سے دن گزارتے، یہ تجھے مطلق خبر نہ ہوتی۔

غرض یہ کہ خاقان کا کردار انتہائی عبرت ناک اور سبق آموز ہے جو زندگی کے

نشیب و فراز کا آئینہ دار ہے۔

ارسلان اور سعدان، نیک دل، سعادت مند، فرمانبردار وزیر ہیں جو ہر حالت اور ہر قیمت پر اپنے مالک خاقان کا ساتھ دیتے ہیں۔ اس کا احترام کرتے ہیں اور اس کی مصیبت میں برابر کے شریک ہیں۔

ماہ پارہ اور دل آرا اور بیرم کے کردار ہمارے معاشرے کے ایسے کردار ہیں جو اقتدار کی ہوس میں ہر ناجائز کام کرنے کے لیے تیار رہتے ہیں۔ احسان فراموشی جن کا شیوہ اور دوسروں حتیٰ کہ اپنے شوہر اور باپ کو ایذا پہنچانا جن کا مقصدِ حیات ہے۔ حشرؔ نے ماہ پارہ، دل آرااور بیرم کے کرداروں کے ذریعہ ہمارے سماج کے ایسے افراد کی تصویر کشی کی ہے جو انتہائی خود غرض، ناپاک اور رذیل ہیں جو اپنے مقدس رشتوں کا بھی ذرہ برابر لحاظ نہیں رکھتے۔ معاشرے کو بگاڑنے اور اسے اپنے اعمالِ بد سے پستی کے غار مین ڈھکیلنے کے ذمہ دار ہیں۔ ایسے افراد کا انجام ہمیشہ عبرت ناک ہوتا ہے جیسا کہ ماہ پارہ، دل آرااور بیرم کا ہوا۔

حشرؔ، پرویز کے ساتھ انصاف نہ کر سکے۔ اسے اپنے اوپر لگائے گئے الزام کا علم بھی نہ ہو سکا۔ بیرم، سعدان کو پرویز سے متنفر کرنے میں کامیاب ہو گیا لیکن پرویز کو اتنا موقع نہ دیا گیا کہ وہ اپنی صفائی پیش کر سکتا۔ اس طرح ایک اچھا کردار بے جان ہو کر رہ گیا۔

سفید خون کے کردار مافوق الفطرت کردار نہ ہو کر زندگی کے گوناگوں پہلوؤں کی ترجمانی کرتے ہیں۔ یہ کردار معاشرے کو سنوارنے اور بگاڑنے میں موثر رول ادا کرتے ہیں۔ خاقان کے کردار کو پیش کرنے میں حشر نے اپنی فنّی کاریگری اور ڈرامائی صلاحیت کا پورا ثبوت دیا ہے۔

زبان و بیان :۔ ڈرامے کی زبان صاف اور سلیس ہے۔ مکالموں میں خطابت کا رنگ

غالب ہے، کرداروں میں زورِ عمل پیدا کرنے اور ان کی شخصیت کو مؤثر بنانے کے لیے حشرؔ نے اشعار اور قافیے کا بر محل استعمال کیا ہے۔ چھوٹے چھوٹے فقروں سے کرداروں میں ایکٹ کرنے کی گنجائش پیدا کی ہے۔

سفید خون میں اشعار اور گانوں کی تعداد خاصی ہے۔ گانوں میں اردو ہندی کی آمیزش، برجستگی، دلکشی اور موسیقی کا حسین امتزاج ہے۔ حالانکہ "سفید خون" حشرؔ کی ڈرامانگاری کے دوسرے دور کی نمائندگی کرتا ہے لیکن اکثر محاسن کے اعتبار سے اپنے دور سے زیادہ بلند ہے۔ یہ قدیم اسٹیج کا دلچسپ اور عبرت ناک ڈراما ہی نہیں بلکہ حشرؔ کے عہد آفرین آغاز کا عمدہ نمونہ بھی ہے۔

(ڈرامے کا مزاحیہ حصہ انتہائی غیر سنجیدہ، مبتذل اور عامیانہ ہونے کی وجہ سے نہیں دیا گیا ہے۔ ویسے بھی اصل کہانی سے اس کا کوئی تعلق نہیں۔)

ڈرامے کے کردار

مردانہ

خاقان:۔ شہنشاہ

ارسلان:۔ وزیرِ خاقان

سعدان:۔ وزیرِ خاقان

بیرم:۔ سعدان کا ناخلف بیٹا

پرویز۔ سعدان کا نیک بیٹا

شوہر ماہ پارہ

شوہر دل آرا

شوہر زارا

طرّم:۔ سپہ سالار

سپاہی۔ خادم۔ چوب دار۔ جلاّد وغیرہ

زنانہ

ماہ پارہ:۔ خاقان کی بیٹی

دل آرا:۔ خاقان کی بیٹی

زارا:۔ خاقان کی بیٹی

دیگر سہیلیاں اور خادمائیں وغیرہ

پہلا باب

پہلا سین

(حمد)

کورس

گانا:۔ پیاری پیاری، قدرت کی پھلواری، ہر بن ہرا، گلشن ہرا، جگت کی شوبھا ساری، دیکھ کے نیاری نیاری، گلکاری، پیاری پیاری۔ ڈار ڈار پر کلیاں سجتی، کوئل گن بھجتی۔ کیسی پیاریاں ہیں ساری نیاریاں۔ ہری ہری ڈاری پھولن سے بھری، نسیم بہاری پیاری، ناز سے جاری، پیاری پیاری۔

دوہا:۔

فصلِ گُل آئی کھلی کلیاں دلِ ناشاد کی
ہوگئی دونی بہار اس گلشنِ ایجاد کی
گا رہی ہیں چل کے پریاں نغمہ ہائے تہنیت
قاف سے آواز آتی ہے مبارک باد کی

کورس:۔ فصلِ بہاری سے۔ رنگت چمکے عالم کی۔ ہر گھر در سے جوبن برسے۔ فصلِ بہاری سے نورانی، ہے لاثانی، جگ بن کے چم چم دمکے۔ رنگت چمکے عالم کی۔ ہر گھر در سے

دوہا:۔

ساقیا لے آگئے دیر و حرم سے گھوم کر
غم گھٹا، کلفت گھٹی، ساغر پلا دے جھوم کر
سرو کو دیتی ہے قمری بن کے عاشق، پیچ و تاب
گُل کو بلبل چھیڑتی ہے روئے رنگیں چوم کر

کورس:۔ تم ہو جگ کے آدھار۔ تن من دھن سب نثار۔ کیسی دکھائی نرالی بہار۔ جدھر نظر قدرت آتی۔ آن دکھاتی۔ شان بتاتی۔ جان لبھاتی۔ فصلِ بہاری سے رنگت چمکے عالم کی۔۔۔

سین۔ دربارِ خاقان

(شہنشاہِ خاقان کی لڑکیوں کا شوہروں کے ساتھ آنا اور اپنی اپنی جگہ بیٹھ جانا۔ شہنشاہ کا مع وزیر ارسلان آنا۔ سب اہلِ دربار کا تعظیم کے لیے دست بستہ کھڑے ہونا۔ شہنشاہ کا تخت پر بیٹھ کر سب کو بیٹھنے کا اشارہ کرنا)

گانا: (کورس اور ناچ)

ہے آؤ، ہے آؤ، کچھ ناچ سے رِجھاؤ
لو آؤ، لو آؤ، کچھ رنگ ڈھنگ لاؤ
ہے آؤ ہے آؤ
باغِ جہاں میں رچی شادیاں
بلبلیں گلشن میں ہیں شادماں
ہے آؤ ہے آؤ

دوہا:۔

پران دان ہے پریت میں، تھوڑی کرنا پریت

پر ان دان تو سہل ہے، کٹھن پریت کی ریت

رسیا بنا موری سونی سیجریا

ہے آؤ ہے آؤ

خاقان:۔

اے باعثِ حیاتِ جہاں بانی!

اے روحِ روانِ سلطانی!

دنیا بھی عجب سرائے فانی دیکھی

ہر چیز یہاں کی آنی جانی دیکھی

جو آکے نہ جائے وہ بڑھاپا دیکھا

جو جاکے نہ آئے وہ جوانی دیکھی

اندیشۂ مرگ وخوفِ فردا نے گھیرا ہے۔ تھوڑے ہی عرصے میں میری شامِ زندگی کا سویرا ہے۔ لٰہذا چاہتا ہوں کہ وفات سے پہلے حیات کا ایک بڑا فرض ہے وہ چکا دیا جائے یعنی نا اتفاقی کے ہاتھوں سے بچا کر یہ تاج کسی حق دار کے سر چڑھا دیا جائے۔ سب سے پہلے ہمارے ضعیف کان یہ سننا چاہتے ہیں کہ تم میں ہر ایک بیٹی مجھے کس قدر پیار کرتی ہے۔ ماہ پارہ! تم اولادِ اکبر ہو۔ اول تم ہی سے سنیں کہ تمھاری سعادت مندی کیا اظہار کرتی ہے۔

ماہ پارہ:۔ جہاں پناہ! اگر یہ امر سچ ہے کہ سمندر کا پانی کوزے میں نہیں سما سکتا، تو اسے بھی سچ جانیے کہ آپ کی لا انتہا محبت کا اظہار زبان اور کلام کے ذریعے سے نہیں ہو سکتا۔ میری گویائی اس سے زیادہ اور کچھ نہیں کہہ سکتی کہ جتنی محبت اس خادمہ کو آپ سے ہے اتنی کوئی بیٹی اپنے باپ سے نہ رکھتی تھی اور نہ رکھتی ہے۔

زارا:۔ (سائڈ میں) اللہ رے خوشامد۔

خاقان:۔ شاباش اے میری نورِ دیدہ شاباش! مجھ ضعیف کے مشتاق کان جس بات کے لیے گوش بر آواز تھے تو نے وہی تسلی بخش بات کہہ سنائی۔ مبارک ہے وہ باپ جس نے تجھ جیسی سعادت مند اولاد پائی (دل آرا کی طرف اشارہ کر کے) ہاں بول اے باپ کی دلاری اب ہے تیری باری۔

دل آرا:۔ ذرہ نواز۔ میں کیا عرض کروں۔ باجی کی لاجواب اور سچی تقریر کے بعد اس کنیز کا کچھ عرض کرنا محض بے ضرورت ہے۔ اتنا تو حضور بھی جانتے ہیں کہ میری طبیعت اور آپا کی طبیعت کی بالکل ایک ہی کیفیت ہے۔ ؎

دونوں دل میں جلوہ فرما ہے محبت آپ کی
دونوں گھر کا ہے اُجالا شمعِ الفت آپ کی
سر میں سودا آپ کا دل میں عقیدت آپ کی
منہ پہ کلمہ آپ کا ہے لب پہ مدحت آپ کی
افتخارِ ارض بھی فخر سما بھی آپ ہیں
گر خدا کہتا تو ہم کہتے خدا بھی آپ ہیں

زارا:۔ (سائڈ میں) پناہ تیری!

خاقان:۔ مرحبا! اے میری نور دیدہ تو میری امیدوں سے بھی بڑھ کر سعادت مند اور فرمانبردار ہے۔ (زارا کی طرف اشارہ کر کے) ہاں بول اے غنچۂ آرزو اب تیری گل افشانی کا انتظار ہے۔

زارا:۔ ابا جان میں کیا عرض کروں ؎
اطاعت مجھ سے کہتی ہے کہ تو چپ رہ نہیں سکتی
مگر میرا یہ کہنا ہے کہ میں کچھ کہہ نہیں سکتی

خاقان:۔ کیوں بات کرنے میں کیا برائی ہے۔ آخر خدا نے زبان کس لیے عطا فرمائی ہے۔

زارا:۔ اس کی خدائی اور یکتائی کا اقرار کرنے کے لیے اور ضرورت کے وقت اپنی ضروریات کا اظہار کرنے کے لیے۔

زمانے کی راحت اگر چاہیے
تو باتیں کرے سوچ کر چاہیے
کہے ایک سُن لے جب انسان دو
کہ حق نے زباں ایک دی کان دو

گانا:۔ (زارا) کر غور، گر ہے دانا۔ تا پڑے نہ پچھتانا۔ گیانی کا گُن گانا۔ کر غور گر ہے دانا۔ دل کی دل میں سوچ لے پہلے۔ اس دم لب پہ لانا۔ کر غور، گر ہے دانا۔ جس نے بات کی ریت نہ جانی، اُس نے کچھ نہ جانا۔ کر غور، گر ہے دانا۔

صبر حالِ تباہ مشکل ہے
ضبطِ فریاد و آہ مشکل ہے
چاہ کا دعویٰ ہے بہت آسان
مگر اس کا نباہ مشکل ہے

خاقان:۔

اپ کا فرمان تو فرمانِ شرع و دین ہے
اس قدر انکار میرے حکم کی توہین ہے

زارا:۔ عالی جاہ! میں اُن باتوں کو پسند نہیں کرتی جن سے انسان کی پسند کا شکار کیا جاتا ہے۔ سچائی شرافت کی جان ہے۔ میں اپنے بزرگ باپ سے اس قدر محبت رکھتی ہوں

جس قدر محبت رکھنا ہر سعادت مند بیٹی کا فرض اور ایمان ہے۔

خاقان:۔ اُو فرض فراموش! یہ کیسی بیہودہ تکرار کرتی ہے۔ اس سے اچھے اور اس سے عمدہ لفظوں میں تو مجھ سے ایک غیر شخص کی محبت کا اظہار کرتی ہے۔

زارا:۔ تو معلوم ہوا کہ حضور کی طبیعت راست بازی کو نہیں بلکہ لفّاظی کو پیار کرتی ہے۔

خاقان:۔ زارا! زارا!

زارا:۔ سریر آرا۔ قول کو فعل کے ترازو میں رکھ کر تولنا چاہیے۔ سچی محبت زبان کی دکان اور لفظوں کے بازار میں نہیں ملتی۔ اس کو دل کے خزانے میں ڈھونڈھنا اور طبیعت کے تہہ خانے میں ٹٹولنا چاہیے۔

خاقان:۔ اوہ غضب! اتنی چھوٹی اور اتنی طرّار۔

زارا:۔ جی نہیں۔ یوں فرمایئے کہ اتنی چھوٹی اور اتنی راست گفتار۔

خاقان:۔ تو کیا راست گفتاری اسی سخن سازی کا نام ہے۔

زارا:۔ تو کیا حق گوئی خوشامد بازی کا نام ہے۔

خاقان:۔ اظہارِ وفاداری کو خوشامد کہنا یہ ایک قسم کی بدزبانی ہے۔

زارا:۔ اور مکاری کو وفاداری کہنا یہ ایک خوفناک نادانی ہے۔

خاقان:۔ وفاداری کے دعوے دار کو مکار کہنا یہ تجھے سجتا نہیں۔

زارا:۔ یہ تو دنیا جانتی ہے کہ جو گرجتا ہے وہ برستا نہیں۔

خاقان:۔ دل کا حال انسان کی گفتگو سے جانا جاتا ہے۔

زارا:۔ عطر عطّار کے کہنے سے نہیں بلکہ اپنی خوشبو سے پہچانا جاتا ہے۔

خاقان:۔ چھوڑ دے یہ ضد۔

زارا:۔ کبھی چھوٹی نہیں۔

خاقان:۔ بے ادب ہے تو۔

زارا:۔ مگر جھوٹی نہیں۔

خاقان:۔ باتیں یہ ناپسند ہیں۔

زارا:۔ دنیا کو ہیں پسند۔

خاقان:۔ مجھ کو نہیں پسند۔

زارا:۔ خدا کو تو ہیں پسند۔

خاقان:۔ نقصان اٹھائے گی۔

زارا:۔ میرا باریِ تعالیٰ ہے۔

خاقان:۔ میں کچھ نہ دوں گا تجھ کو۔

زارا:۔ خدا دینے والا ہے۔

خاقان:۔ اچھا اگر تو میری دولت اور سلطنت کو لاپروائی کی ٹھوکر مارتی ہے، تو اس غرور کو دولت سمجھ جس کو تو حق، سچائی، فرض اور ایمان کے نام سے پکارتی ہے۔ جا دور ہو۔ خدا تجھ کو غارت کرے۔ آج سے میں تجھ کو اور تیری محبت دونوں کو چھوڑتا ہوں۔ رشتۂ الفت کو توڑتا ہوں۔

سنگِ فالج بن کے تجھ پر تودۂ لعنت گرے
درد کی صورت اُٹھے اور اشک کی صورت گرے
سر کٹے، شوکت گھٹے، ذلّت بڑھے، عزت گرے
عیش چھوٹے، قہر ٹوٹے، غم بڑھے، آفت گرے

سعدان:۔ بس جہاں پناہ بس! ایسی ہولناک اور مہیب بددعا اب ان جاں نثار کانوں

سے نہیں سنی جاتی ہے۔ دل لرزتا ہے روئیں روئیں سے پناہ پناہ کی آواز آتی ہے۔

خاقان:۔ تو کیا ایسی ناخلف اولاد کو والدین دعائے نیک دیتے ہیں۔

سعدان:۔ ولیِ نعمت بچہ اگر ہاتھ کو نجس کرلے تو کیا ماں باپ اس کو کاٹ کر پھینک دیتے ہیں۔

خاقان:۔ نہیں ایسی قصوروار پر رحم کرنا کچھ ضرور نہیں۔

شوہر زارا:۔ عالی جاہ! اوّل تو آپ جسے بہت بڑا قصور سمجھتے ہیں وہ کوئی قصور نہیں۔ دوم اولاد کیسی ہی قصوروار ہو مگر اس کے حق میں ایسی دل ہلا دینے والی بد دعا دینا محبتِ پدری کا دستور نہیں۔ فیاض دل اپنا برا چاہنے والے کے حق میں بھی بھلا جملہ نکالتا ہے۔ سر سبز درخت، جو اس کی جڑ کاٹتا ہے، اس پر بھی اپنا سایہ ڈالتا ہے۔

خاقان:۔ بہت خوب! اگر تم اس کھوٹی اشرفی کو کھری سمجھتے ہو تو ہٹاؤ۔ تم ہی اپنے ساتھ لے جاؤ۔ قسم ہے اس آفتابِ قدرت کی جس کے اختیار میں تمام عالم کے ذرائع ہست و بود ہیں، قسم ہے تمام اجرامِ فلکی کی جو ہماری نمودِ بے بود کا باعثِ وجود ہیں۔ آج سے، اس وقت سے، او مغرور و سرکش لڑکی! ان خوفناک درندوں کی طرح جو اپنی اولاد کو مار کر کھا جاتے ہیں، تجھے ذلیل اور ہیٹی جانوں گا۔ جا دور ہو! آج سے نہ تو مجھے اپنا باپ سمجھنا اور نہ میں تجھے اپنی بیٹی جانوں گا۔

ارسلان:۔ جہاں سردار!

خاقان:۔ ارسلان خبردار!

ارسلان:۔ سریر آرا!

خاقان:۔ ادھر آؤ ماہ پارہ، دل آرا، سنو۔ آج سے، اس وقت سے، یہ دولت، یہ سلطنت، کل مال و منال، غرض جو کچھ ہے سو تمھارا۔ اب ماہ دولت کو نہ عزت کی پروا، نہ

سلطنت کی چاہت، صرف چند دن زندگی کے گزارنے ہیں، سو اس کے لیے یہ انتظام کروں گا کہ سرداروں کے ساتھ ایک ماہ اے نورِ نظر تیرے گھر اور ایک ماہ اے راحتِ جاں تیرے مکان پر قیام کروں گا۔ پھر میں کچھ اور۔۔۔

ارسلان:۔ حضور! ذرا غور!

خاقان:۔ بس زبان کو تھام لے!

ارسلان:۔ انسان کو چاہیے کہ محض غصے ہی سے نہیں، ذرا عقل سے بھی کام لے۔

خاقان:۔ اس سے مراد؟

ارسلان:۔ عالی نژاد! آپ کا یہ سخت حکم سنگِ غم بن کر ضعیف دلوں کو کچل دے گا۔

خاقان:۔ تو ناحق اس سے ہمدردی کرتا ہے۔ ایسی ناخلف اولاد کو کوئی لعنت کے سوا اور کیا دے سکتا ہے۔

ارسلان:۔ حضور کان اور آنکھ میں صرف چار انگل کا فاصلہ ہے مگر سن کر تجربے کی نظر سے نہ دیکھا جائے تو کوسوں کا فرق پڑ جاتا ہے۔

خاقان:۔ ارسلان! شاہی محلات میں دخل دینا اچھا نہیں، یہ ضعیف شخص کوئی نادان بچہ نہیں جو تمھاری باتوں کی شیرینی سے پھسل جائے گا یا اس بے وفا تِتلی کی طرح اپنے مضبوط ارادے سے بدل جائے گا۔

بشر الجھیں، مَلک بگڑیں، جہاں سارا اُلٹ جائے
زمیں کانپے، فلک لرزے، یہ جسم و جاں پلٹ جائے
مگر کیا تاب، کیا طاقت، کہ دل، اور وہ بھی میرا دل
بڑھے اور بڑھ کے گھٹ جائے، جمے اور جم کے ہٹ جائے

ارسلان:۔ حضور میں ارادہ بدلنے کو نہیں کہتا۔ صرف یہ گزارش ہے کہ غیظ سے

پہلے غور کیجیے۔ قسم ہے اس تخت و اورنگ کی جس کو میرے بزرگوں نے اپنے خون سے غسل دے کر پاک بنایا۔ قسم ہے اس سربلند سر کی کہ جس کی سرداری کے لیے سینکڑوں سردارانِ لشکر نے اپنا سر کٹایا۔ آپ کا یہ اِرادہ ظلمِ ناحق ہے۔ آپ اتنا غیظ و غضب نہ کیجیے۔ اگر آپ سلطنت لٹانا ہی چاہتے ہیں تو سب سے زیادہ اور سب سے پہلے چھوٹی صاحبزادی کا حق ہے۔

خاقان:۔ دیکھو کمانِ کشیدہ کے سامنے نہ آؤ۔ اگر ہمیشہ کے لیے چپ نہ رہنا ہو تو اِس وقت تھوڑی دیر کے لیے خاموش ہو جاؤ۔

ارسلان:۔ خاموش کیا کہا! اے سر تاج خاموش! چاپلوسی کا شیطان آپ کو تباہی کے جہنم کی طرف ریلے، سخن ساز زبان آپ کی آنکھوں پر پٹی باندھ کر غارِ مصیبت کی طرف ڈھکیلے اور یہ غلامِ وفادار اظہارِ وفاداری سے خاموش ہو۔ لعنت ہو ایسے دل پر جو ایسا فرض فراموش ہو۔

نہ چپ ہے، نہ یہ حشر تک چپ رہے گا یہی کہہ رہا ہے یہی پھر کہے گا

خاقان:۔ کہہ؟

ارسلان:۔ کہ آپ اپنے حق میں جفا کر رہے ہیں

بُرا کہہ رہے ہیں بُرا کر رہے ہیں

خاقان:۔ قسم ہے خدا کی کہ ہم راہِ انصاف کے خلاف ہرگز قدم نہیں اٹھاتے۔

ارسلان:۔ پیر و مرشد! معاف کیجیے۔ آپ جھوٹی قسم کھاتے ہیں۔

خاقان:۔ کیوں رے او سفلے، او کمینے! اب تو یہاں تک گستاخی پر آمادہ ہوا۔

ارسلان:۔ حضور ذرا سنبھلیے۔ طبیب کو قتل کیا اور مرض زیادہ ہوا۔

خاقان:۔ تو گستاخ ہے۔

ارسلان :۔ مگر خوشامد باز نہیں۔

خاقان :۔ تو سخن پرور ہے۔

ارسلان :۔ مگر سخن ساز نہیں۔

خاقان :۔ حجتی!

ارسلان :۔ مگر راست گفتار۔

خاقان :۔ احمق!

ارسلان :۔ مگر آپ سے زیادہ ہوشیار۔

خاقان :۔ چل دفع ہو ناہنجار!

ٹیبلو

(سین ختم)

دوسرا سین

راستہ

بیرم:۔ کینہ، دھوکا، عیاری، مکاری اِنھیں چیزوں کا نام ہے دنیا داری۔ صورت میں نور، سیرت میں نار، منہ پہ پیار، بغل میں تلوار، یہی ہیں وہ چلتے ہوئے اوزار جن سے بیوقوف لوگ ڈرتے ہیں اور عقلمند اپنے حریفوں کی دھجیاں کرتے ہیں۔ او پرویز نابکار و غاصب بھائی! تو باپ کی دولت سے تین حصّے زیادہ پائے اور بیرم تین چوتھائی! کیوں؟ کس لیے؟ کیا اس لیے کہ تو سراپا نیکی ہے اور میں مجسم برائی۔ تو پارسا ہے اور میں عیاش۔ تو نیک معاش ہے اور میں بد قماش۔ ہاں۔ ہوں۔ پھر۔ کیا میں اس بیہودہ وجہ سے اپنے اشہبِ امید کی لگام میدانِ آرزو سے موڑلوں گا؟ نہیں! بلکہ ان سنہری حرفوں کے جادو سے تیری ساری خوش نصیبی کا طلسم توڑ دوں گا۔ (باپ کو آتے دیکھ کر) بے وقوف بوڑھا۔

سعدان:۔ ظلم، دغا، فریب، تباہی، ویرانی! افسوس اتنا عقلمند بادشاہ اور اتنی بڑی نادانی! ذرا سی سعادت مند بیٹی اور اس سے یہ برائی! ارسلان سا خیر خواہ اور اس سے یہ کج ادائی! صرف اتنے قصور پر کہ ایک نے خوشامد کیوں کی اور دوسرے کی زبان پر سچ بات کیوں آئی۔

بیرم:۔ (خود سے مگر سنانے کے لیے) نہیں ہو سکتا۔ یہ کبھی نہیں ہو سکتا، اے ہوس پرست دل یہ کبھی نہیں ہو سکتا۔ افسوس جس چشمے کے پانی سے پیاس بجھانا، اسی میں

زہر ملانا۔ جس درخت کے سائے میں سونا، اسی کی جڑ پر کلہاڑی چلانا۔ پرویز سا فرشتہ اور یہ شیطانی ارادہ! بیٹا اور باپ کی جان لینے پر آمادہ! توبہ! توبہ! توبہ! ارے میری آنکھوں کے آگے اندھیرا آتا ہے، میرا دماغ چکّر کھاتا ہے، چکّر کھاتا ہے، چکّر کھاتا ہے۔

سعدان:۔ کون بیرم؟ یہ کیا بک رہا ہے؟ یہ میں نے کیا سنا؟ کیا پرویز میرا بیٹا!

بیرم:۔ اے دیکھنے والے آسمان، اے سننے والی زمین، اے پاس سے ہو کر گزرنے والے ہوا کے جھونکو! کیا تم میں سے کوئی ایسا نہیں جو میرے باپ کو ایک لفظ کہہ کر خبر دار کر دے؟

سعدان:۔ (بیرم کا جانا چاہنا۔ سعدان کا روکنا) یہ تم کر سکتے ہو؟ بیرم! یہ تمھیں کرنا ہو گا۔

بیرم:۔ ج۔ ج۔ ج۔ جناب۔ میں کیا کر سکتا ہوں؟

سعدان:۔ ادائے فرض! اظہارِ حق!

بیرم:۔ یا خدا تو جانتا ہے۔

سعدان:۔ اور تم بھی جانتے ہو۔

بیرم:۔ جناب، میں کیا جانتا ہوں؟

سعدان:۔ جو میں نہیں جانتا مگر اب جاننا چاہتا ہوں۔ بیرم۔ کیا تو میرا بیٹا نہیں؟ کیا میں تیرا باپ نہیں؟ تو جو ابھی جوش میں آکر کہہ رہا تھا۔ جس کو میں اتفاق سے سن چکا ہوں۔ کیا اس سے انکار کیا چاہتا ہے؟ کیا پرویز کے ساتھ مِل کر تو بھی مجھے شکار کیا چاہتا ہے؟

بیرم:۔ اوہ پرویز! نافہم! رحم پیارے باپ رحم!

سعدان:۔ نہیں! رحم صرف تجھ پر۔

بیرم:۔ نہیں ہم دونوں پر۔

سعدان:۔ وہ شیطان ہے !اس لیے اس پر لعنت چاہیے۔

بیرم:۔ لیکن آپ فرشتے ہیں، اس لیے برکت چاہیے۔

سعدان:۔ ہیں ! یہ خط کس کا؟

بیرم:۔ پ۔ پ۔ پ۔ پرویز کا۔ نہیں جناب میرا۔

سعدان:۔ بیوقوف گناہ کا چھپانا بھی گناہ ہے۔

بیرم:۔ (علیٰحدہ) اے لعنتی حرص تیرے لیے میرا بھائی تباہ ہوتا ہے۔

سعدان:۔ (خط کا مضمون پڑھنا)"رات کے بارہ بجے جب زندگی کی شورشیں خوفناک خاموشی سے بدل جاتی ہیں۔ آسمان بھیانک اور زمین سنسان۔ قبروں سے نکل کر روحیں رینگتی ہوئی نظر آتی ہیں۔ اس رقت اگر تمھاری چھ۔ چھ۔ چھری نے میرے باپ کو اس نیند میں، جس نیند میں کہ وہ سوتا ہو گا، قتل کیا، تو جس قدر دولت دینے سے میں تم سے نفرت کرتا ہوں اتنا ہی پیار کروں گا" یا اللہ یہ کون لکھتا ہے ؟ کیا میرا بیٹا؟

بیرم:۔ اے میری فصاحت ذرا اور شعلہ بھڑکا۔

سعدان:۔ غضب ! قہر ! یہ پھندا!

بیرم:۔ خداوندا!

سعدان:۔ یہ بے مہری!

بیرم:۔ پناہ تیری!

سعدان:۔ باپ کا خون!

بیرم:۔ اوہ بیوقوف مجنون!

سعدان:۔ ہائے زمانہ! زمانہ! زمانہ!

بیرم:۔ الٰہی میرے شفیق باپ اور نادان بھائی دونوں کو ہلاکت سے بچانا! بچانا! خیر۔ جناب عالی۔ اگرچہ یہ تحریر میں نے بھائی پرویز ہی کی میز پر پڑی ہوئی پائی ہے مگر بھر بھی مجھے شک ہے کہ یہ کسی دشمن کی کارروائی ہے۔

سعدان:۔ کیا میں اس کا خط نہیں پہچانتا؟ کیا میری آنکھیں پھوٹی ہیں۔

بیرم:۔ (علیٰحدہ) آنکھیں تو نہیں مگر عقل ضرور پھوٹی ہے! (ظاہر) خیر جناب اگر ایسا ہے تو آج آپ کو بھائی کی نیت آزمانا چاہیے۔ اگر کوئی حملہ ہو تو سمجھنا چاہیے کہ یہ اسی کا فتور ہے۔ ورنہ وہ بیچارہ بالکل بے قصور ہے۔

سعدان:۔ افسوس! بیرم صد ہزار افسوس!

بیرم:۔ جناب۔ بلکہ بے حد اور بے شمار افسوس۔ (سعدان کا جانا) واہ میاں بیرم خوب باپ کو اُلّو بنایا! (پرویز کو آتے دیکھ کر) دیکھ لو وہ اُلو کا پٹھا آ گیا۔

پرویز:۔ بھائی تسلیم!

بیرم:۔ اوہو کون پرویز! آؤ بھائی۔ (دونوں کا گلے ملنا) کہیے جانِ برادر کیا حال ہے؟

(پرویز) گانا:۔ سارے چتر گنی گئے ہار۔ جگ کی نہ پائی سار۔ لاکھن کیے بچار۔ سارے چتر گنی جن کی جگت پیچ لاکھن کو ہے آس، اُنھیں کے چت نت بھیو ہے نراس آج۔ دیکھا یہ سنسار۔ سارے چتر گنی۔

پرویز:۔ بھائی تمھیں معلوم ہے کہ والد صاحب مجھ سے کیوں ناراض ہیں؟

بیرم:۔ تم سے! بھائی تم سے! جو انھیں نیکی اور عزت کی طرح پیارے ہو!

پرویز:۔ ہاں بھائی مجھ سے!

بیرم:۔ مگر والد کی ناراضی تم کو کیسے معلوم ہوئی؟

پرویز:۔ ابھی ابھی راستے میں ملاقات ہوئی۔ ہم انھیں دیکھ کر سلام کرنے لگے۔ وہ

منہ پھیر کر دوسرے شخص سے کلام کرنے لگے۔ پھر آپ ہی آپ فرمانے لگے کہ زمانے کا زمانہ ہی بدذات ہے۔

بیرم:۔ واقعی بھائی یہ تو ناراضی کے آثار ہیں مگر کسی دشمن نے کچھ الٹا سیدھا نہ پڑھایا ہو جس سے والد کے جی میں بل آیا ہو۔

پرویز:۔ بھائی دشمن کی کارروائی تو میں تب جانوں جب میں نے کسی کو ستایا ہو۔

بیرم:۔ بھئی عجب نادان ہو! آج کل تو خواہ مخواہ لوگ ایک دوسرے کے دشمن بن جاتے ہیں۔ بھلا بھڑ اور بچھو کو کسی سے کیا عداوت ہے جو ڈینگ مارتے ہیں۔

پرویز:۔ بھائی میں تمھارے پاس اس لیے آیا ہوں کہ والد کی ناراضی دور کرنے کی کوئی تدبیر بتاؤ۔

بیرم:۔ مت گھبراؤ۔ مجھ پر بھروسہ رکھو۔ تمھارے خوشی کے دن کو جو غم کی تاریکی نگل گئی ہے اسے دو ہی باتوں میں دوبارہ منوّر بنا دوں گا۔ لو سدھارو۔ خدا حافظ۔

پرویز:۔ خدا آپ کا کام راس کرے۔

بیرم:۔ (خود سے) خدا تیر استیاناس کرے۔ ہنہ۔ ہنہ۔ ہنہ۔ واہ میاں بیرم! کیا اُلّو باپ اور کیا اُلّو کا پٹھا بھائی پایا ہے! آج تک تو جتنے پانسے پھینکے ہیں سب میں پُو بارہ ہی آیا ہے۔ اب ایک رات کا داؤ اور باقی ہے۔ اگر راجہ نل کی روح نے مدد پہنچائی تو سمجھ لو کہ وہ بازی بھی ہاتھ آئی۔

ماتٗ دینا ہے حریفوں کو سوڈٹ کر دوں گا
پڑ گئی چت تو بس ایک ہاتھ میں پٹ کر دوں گا
بلکہ صفاچٹ کر دوں گا

بیرم:(گانا)۔ عاقل و دانا ہوں دنیا کا سیانا ہوں، میری یگانہ ہے چال۔ آگ لگانے

میں، دھوکے بہانے میں، سارے زمانے میں ہوں باکمال۔ عاقل و دانا ہوں۔ جب پھینکا تب آیا پانسہ۔ دے کر چکمہ، فقرہ، جھانسا۔ روز ایک الّو پھانسا۔ سو کرامتوں سے، دھوکے کی باتوں سے، چالوں سے، گھاتوں سے، دنیا کے ہاتھوں سے اڑا لیتا ہوں مال۔ عاقل و دانا ہوں۔۔۔۔

(سین ختم)

تیسرا سین

محل ماہ پارہ

(خاقان اور ارسلان کا آنا)

خاقان:۔ ارسلان! وہ نہیں آتا۔ وہ کیوں نہیں آتا؟

ارسلان:۔ سرکار! اس کی مرضی۔

خاقان:۔ وجہ؟

ارسلان:۔ نمک حرامی! شرارت! خودغرضی!

خاقان:۔ افسوس! سلطنت سے علیٰحدہ ہوتے ہی یہ نتیجہ پایا۔

ارسلان:۔ تو حضور پہلے ہی کیوں نہ سوچا؟

خاقان:۔ افسوس! ادنیٰ ادنیٰ نوکر میرے سرداروں سے تکرار کریں۔ مجھ سا ضعیف شخص ایک حقیر آدمی کو بلائے! نہیں! ایک شہنشاہ اپنے غلام کو طلب فرمائے اور وہ حاضر ہونے سے انکار کرے! میری طلب اور جواب صاف! میرا حکم اور اس سے یوں انحراف!

ارسلان:۔ شاید حضور کو آج تک یہ معلوم نہیں کہ۔

آبِ دریا میں سرورِ جام مُل ہوتا نہیں
خار کا گل نام رکھ لینے سے وہ گل ہوتا نہیں
آہنی فولاد کی تلوار ہو یا کاٹھ کی

غیر مانے گا تبھی لوہا، جب اس نے کاٹ کی

خاقان:۔ بس کر ارسلان بس کر۔ ورنہ میں غم اور غصہ سے دیوانہ ہو جاؤں گا۔ اگر ماہ پارہ مست ہو کر درندہ بن گئی ہے تو آج ہی اس کی صورت پر لعنت بھیج کر اپنی دوسری بیٹی کی طرف روانہ ہو جاؤں گا۔

ارسلان:۔ جی ہاں ہو سکتا ہے۔

خاقان:۔ تو میرا منہ کیا تکتا ہے؟ کیا تو یہ سمجھتا ہے کہ ماہ پارہ کی طرح دل آرا بھی مجھے صدمہ پہنچائے گی؟

ارسلان:۔ حضور معاف کیجیے۔ جب بڑی سے فیض نہ پایا تو چھوٹی سے کیا امید بر آ سکتی ہے؟ حضور تلوار اور چھری میں صرف قد کا فرق ہے، ورنہ گلا کاٹنے میں دونوں کی دھار برق ہے۔

(ماہ پارہ اور سعدان کا آنا)

خاقان:۔ کون؟ ماہ پارہ؟

ماہ پارہ:۔ آداب عرض ہے سریر آرا۔

خاقان:۔ آج کیا دل میں آئی؟ جو اپنے ناخواندہ مہمان پر عنایت فرمائی۔

ماہ پارہ:۔ میں افسوس کرتی ہوں کہ ان طعن آمیز باتوں کا جواب دینے کے لیے نہ تو میرے پاس الفاظ ہیں اور نہ فرصت۔ اصل بات یہ ہے کہ مجھے چند اہم وجوہ سے اس مکان کی سخت ضرورت ہے۔ اس لیے اگر آپ ان شاہی محلوں میں سے کسی اور محل میں تشریف لے جاتے تو اس کنیز پر بڑی عنایت فرماتے۔

خاقان:۔ تو کیا میں یہ مکان چھوڑ دوں؟

ماہ پارہ:۔ بس اس سے زیادہ اور کیا عرض کروں؟ اگر اتنی بات ہو جائے تو مجھے

سینکڑوں مصیبتوں سے نجات ہو جائے۔

خاقان:۔ تو صاف کیوں نہیں کہتی کہ میں قبر میں چلا جاؤں۔

ماہ پارہ:۔ میرا منشا ہرگز یہ نہیں ہے۔ در اصل بات یہ ہے کہ آپ کے مشیروں اور نوکروں نے برداشت سے زیادہ سر اٹھا رکھا ہے۔ کہیں مار، کہیں پیٹ، کہیں شور، کہیں غل، کہیں پکار غرض کہ ایک طوفان ہے جو مچا رکھا ہے۔ مکان ایک اچھا خاصا بھٹیار خانہ بنا رکھا ہے۔

خاقان:۔ عجیب بات ہے!

ماہ پارہ:۔ نہ رعب، نہ ادب، نہ آداب۔ ایک سے ایک زیادہ شہدا، ایک سے ایک زیادہ لُچّا۔ بس جناب بس۔ اب صبر نہیں ہو سکتا۔ انسان کو اتنا نہ گدگدائیے کہ آخر کو وہ رو دے۔

خاقان:۔ بس۔ بس۔ یہ سب کچھ جنون ہے! جھوٹ، غلط یہ ساری باتیں بہتان ہیں! میرے تمام نوکر شریف، نیک، ادب کے شیدا، تہذیب کے عاشق، شرافت کی جان ہیں۔

ماہ پارہ:۔ بس تو معلوم ہوا کہ آپ ہی کی شہ اور شرارت ان پر تیل ڈال کر بھڑکاتی ہے۔ غضب خدا کا یہ سچے اور لونڈی جھوٹی ہوتی جاتی ہے! اِن کے جھوٹ کو سچ اور میرے سچ کو جھوٹ فرماتے ہیں۔ یہ بھی عجیب بات ہے کہ آپ اِن چند غریب گداگروں کے لیے ایک معزز شہزادی کی توہین فرماتے ہیں!

خاقان:۔ غریب! کیا کہا غریب؟ کیا کسی غریب کا بلا قصور جگر چاک کر ڈالوں؟ پیس ڈالوں؟ کیوں؟ کس لیے؟ کیا اسی لیے کہ انھوں نے پہننے کے لیے یہ زری کا چیتھڑا نہیں پایا؟ کیا غریبوں کے پاس آنکھ، کان، ہاتھ، ہوش، جوش نہیں ہیں جو امیر رکھتے ہیں۔ کیا یہ آفتاب امیروں کے محلوں کی طرح غریبوں کی جھونپڑیوں پر اپنی روشنی نہیں ڈالتا! کیا اس

زمین پر خدا نے ان کو چلنے کا حکم نہیں دیا جس پر امیر چلتے ہیں؟ کیا یہ آسمان امیروں کو اپنی چھت کے نیچے بٹھاتا ہے اور غریبوں کو دھکّے دے کر نکال دیتا ہے۔ اری او غریبوں پر ہسنے والی مغرور ہستی! کیوں چند روزہ دولت پر اتراتی ہے؟ جا! ایک امیر اور ایک غریب دونوں کی قبر کھود کر دیکھ، پھر تجھے معلوم ہو جائے گا کہ مرنے کے بعد ان کی کیا حالت ہوتی ہے؟

ماہ پارہ:۔ مجھ کو اس سے بحث نہیں کہ غریبوں کا رتبہ امیروں سے بڑھایا جائے یا گھٹایا جائے مگر ان زندوں کی دنیا میں تو میرا یہ خیال ہے کہ یہ غریب سر چڑھانے کے لیے نہیں بنائے گئے۔

خاقان:۔ تو پھر کس لیے بنائے گئے ہیں!

ماہ پارہ:۔ اس لیے کہ اِن کے سر کے چمڑے سے امیروں کی جوتیوں کا تلا بنایا جائے۔

خاقان:۔ کیا کوئی کہہ سکتا ہے کہ یہ میرا ہی خون ہے!

ماہ پارہ:۔ اگر کل تک یہ تمام نجس کتّے یہاں سے نہ نکال دیے جائیں گے تو یاد رکھیے کہ عزوادب، زبردستی اور سختی سے بدل جائے گا۔

خاقان:۔ زبردستی! استغفر اللہ! لاؤ۔ لاؤ۔ ہمارے گھوڑے لاؤ، کل خادمانِ درگاہ کو بلاؤ۔ جا اے ناشدنی دور ہو میں نے تجھے عاق کیا۔ تو میرا خون نہیں بلکہ وہ زنگ ہے جو لوہے کے دل میں بیٹھ کر اس کے جگر کو چاٹتا ہے! تو میری اولاد نہیں بلکہ وہ سانپ ہے جو پہلے اپنے پالنے والے کو کاٹتا ہے! کیا نمک حلالوں کو زہر کھلا دوں! غریبوں کو سزا دوں! کیوں؟ کس لیے؟ کیا ان زر و جواہر کے لیے جو بھوک کے وقت تیرا پیٹ تک نہیں بھر سکتے؟ کیا اِن زری کے چیتھڑوں کے لیے جو بعد مرنے کے تیرے کفن کے کام بھی نہیں آ

سکتے؟

ارسلان:۔ حضور والا!

خاقان:۔ ہائے زارا! زارا! ارسلان! محض ذرا سے قصور پر صرف اتنے ہی قصور پر کہ وہ سچ بات کیوں بولی مجھ کمبخت نے راستباز زارا کا حق چھین کر اِس ناخلف اور جھوٹ کی تپلی پر قربان کر ڈالا! اوہ باریِ تعالیٰ اگر تیرا ہی ارادہ ہے کہ یہ کمبخت پھولے اور پھلے تو اپنے بندے پر رحم کر اور اس مغرور فرعونہ کو قارون کی طرح اسی مکان میں گاڑ دے۔ اس کی نسل کو برباد کر۔ اِس کے شکم کو اجاڑ دے۔ اگر اولاد بھی ہو تو ان خوفناک درندوں کی طرح جو اپنے پنجوں سے اپنی اولاد کو مار کر کھا جاتے ہیں، اسی طرح اِس کو ستائے، اس کو جلائے، یہ اپنی بے رحم آنکھوں سے خون کا دریا بہائے تاکہ اس کے پتھر دل کو معلوم ہو جائے کہ بد اولاد سانپ سے بھی زیادہ بد ہوتی ہے۔

ماہ پارہ:۔ استغفر اللہ! اگر میں ان بد دعاؤں سے ڈرتی تو شاہوں کی سرداری چھوڑ کر اِن غریبوں میں سے کسی ایک کے پاؤں دھویا کرتی۔

خاقان:۔ اری او مغرور ہستی! تو خدا کی بستی میں بستی ہے اور اس کی قدرت اور قہر پر ہنستی ہے! لرز! لرز! اس ہاتھ سے جس نے ضحاک اور شدّاد کا بھیجا اپنی چٹکیوں میں مسل ڈالا۔ ڈر! ڈر! اس بے آواز لاٹھی سے جس نے غرور کا سر کچل ڈالا۔ لعنت ہو تجھ پر اور تیرے گھر پر۔ میں شیروں سے پناہ چاہوں گا۔ میں ریچھوں کے آگے گڑگڑاؤں گا مگر او درندوں سے زیادہ سخت دل رکھنے والی حسین کافرہ تیرے اِس خاکی جہنم میں کبھی نہ آؤں گا۔

(خاتون کا طیش میں چلا جانا)

(سین ختم)

چوتھا سین

مکان دل آرا

ارسلان:۔ ہم اور ہمارے جینے کی حقیقت، یعنی جسم اور روح کے تعلق کی کیفیت ظاہر میں ایک بھید ہے لیکن اگر حقیقت کی نظر سے دیکھا جائے تو چلا اٹھو گے۔ یہ جسم سانس کی تیلیوں سے بنا ہوا ایک پنجرا ہے اور روح ایک پَر بندھی چڑیا ہے جو اس میں قید ہے، جس کے نغموں کی صدا ہم پر یہ آوازہ کستی ہے کہ اے حرص وہوس کی بستی میں رہنے والی مغرور ہستی! کیوں چند روزہ چیرہ دستی پر غفلت پرستی ہے۔ ہر کمال کو زوال ہے۔ ہر بلندی کا نتیجہ پستی ہے۔ نخوت ذلت کے گڑھے میں اتارے گی۔ موت مارے گی۔ عبرت قبر کے ڈھیر پر کھڑی ہو کر پکارے گی۔

نہ تن میں تاب، نہ بازو میں بل، نہ سر میں شور
بدن کی فکر میں کیڑے، کفن کی تاک میں چور
پڑا ہے کس لیے خاموش اے نوالۂ گور
کہاں ہے تیر ازر اور کدھر گیا وہ زور
لحد ہے، تو ہے، اور اک بے کسی سی چھائی ہے
جواب دے کہ فنا پوچھنے کو آئی ہے

گانا(غزل)

تعجب ٹھوکروں سے کیوں سرِ فغفور ہوتا ہے
غرورِ زور وزر اس گھر سے یونہی دور ہوتا ہے
جوانی میں عدم کے واسطے سامان کر غافل
مسافر شب سے اٹھتے ہیں جو جانا دور ہوتا ہے
ہماری زندگانی حشرؔ مٹی کا کھلونا ہے
اجل کی ایک ٹھوکر سے جو چکنا چور ہوتا ہے

خاقان:۔ ہمارے آنے کی خبر پائی۔ نہ کسی نوکر کو بھیجا۔ نہ خود پیشوائی کو آئی!

سعدان:۔ واقعی یہ برتاؤ خلافِ ادب ہے۔

خاقان:۔ اچھا تو تم خود جاؤ اور ہماری صاحب زادی کو بلالاؤ۔

ارسلان:۔ حضور والا!

خاقان:۔ کیا وہ نہیں آتی ہے۔ کیا وہ بغاوت دکھاتی ہے؟ ارے جاؤ! جاؤ! اس سے جا کر کہو کہ بوڑھا باپ اپنی بیٹی سے ملنا چاہتا ہے۔ شہنشاہ خاقان اپنی پیاری دل آرا کو یاد فرماتا ہے۔

دل آرا:۔ میں بہت ہی مسرور ہوں کہ حضور نے قدم رنجہ فرما کر اس کفش خانے کی عزت بڑھائی۔

خاقان:۔ مسرور ہو۔ ضرور ہو گی۔ اگر میرے آنے پر تمھیں رنج ہوتا تو میں یہ سمجھتا کہ تمھاری ماں کی قبر میں میری بیوی نہیں بلکہ وہ عورت دفن ہے جس نے سانپ کے بچے کو اپنی اولاد سمجھ کر پالا ہے۔

دل آرا:۔ جناب والدہ مرحومہ کی شان میں ایسے کلمے نہ فرمائیے۔ آپ باجی جان کے پاس سے کیوں چلے آئے۔ یہ تو بتائیے!

خاقان:۔ کیوں آیا ہوں؟ قسمت کا جلایا ہوں۔ نصیب کا ستایا ہوں۔ کبھی لوگ میرے پاس فریاد لاتے تھے، آج میں تیرے پاس فریاد لایا ہوں۔

وہ باغ جس کے روش کی ہے تو گلِ لالہ
وہ باغباں کہ چمن تجھ پہ صدقے کر ڈالا
وہ شاخ جس نے تجھے گودیوں میں ہے پالا
اس کو پھونک کے ظالم نے خاک اُڑائی ہے
وہ اُڑ کے گھر تیرے فریاد کرنے آئی ہے

دل آرا:۔ کیا آپ کا اشارہ میری بہن کی طرف ہے؟

خاقان:۔ ہاں اسی کے دیے ہوئے رنج و محن کی طرف ہے۔

جو بد شعار، ستم کیش، اہلِ کیں نکلی
پلی تھی گود میں پر مارِ آستین نکلی

دل آرا:۔ جیسا فرماتے ہیں، میری بہن ہرگز ایسی نہیں! آپ جائیے وہیں۔

خاقان:۔ تو میں اس کے پاس جاؤں؟ اور گڑگڑا کر کہوں کہ بیٹی! میں بوڑھا ہوں، لاچار ہوں اور کچھ نہیں صرف سونے بیٹھنے کے لئے جگہ اور روٹی کے ٹکڑے کا خواستگار ہوں۔

دل آرا:۔ جناب آپ کے لیے بہتر یہی ہے کہ عقل کو کام میں لائیے اور ایک مرتبہ بہن کے پاس جائیے۔

خاقان:۔ دل آرا تو اس کے پاس جانے کو کہتی ہے جو محسن کُشی کا آلہ ہے، جس نے کلیجے کو سانپ کی طرح ڈس لیا اور درندوں کی طرح نوچ نوچ کر کھا ڈالا ہے۔

غضب آئے، ستم ٹوٹے، فلک سے آفتیں برسیں

خدا چاہے تو اُس کی قبر پر بھی لعنتیں برسیں

دل آرا:۔ خدا بچائے میں کہتی ہوں کہ آپ کبھی خفا ہو جائیں گے تو یونہی مجھ پر بھی لعنتوں کے تیر برسائیں گے۔

خاقان:۔ نہیں دل آرا نہیں۔ میں اپنے ہونٹ سی لونگا۔ میں اپنی زبان کاٹ ڈالوں گا مگر تجھ جیسی نیک لڑکی کے حق میں ایسی بد دعا کبھی نہ نکالوں گا۔ تو حق شناس ہے، تو عالی ہے، اس کی آنکھ خوف ناک اور تیری آنکھ تسلی دینے والی ہے۔ وہ عیش و راحت کی شریک ہے اور تو غم و آفت کی ساتھی ہے۔ وہ میرے جسم کا پھوڑا ہے اور تو مرہم لگاتی ہے۔ وہ آنکھیں پھوڑتی ہے اور تو آنکھیں بچھاتی ہے۔

موت مانگے تو رہے آرزوئے خواب اُسے

ڈوبنے جائے تو دریا ملے پایاب اُسے

عوضِ جور وہ یوں بر سرِ بیداد آئے

یوں بُرا ہو کہ جہنم کا مزا یاد آئے

دل آرا:۔ بس کیجیے جناب بس! آپ کی باتیں کچھ سمجھ میں نہیں آتی ہیں۔ وہ دیکھیے باجی جان تشریف لاتی ہیں۔

خاقان:۔ او خدا! او خدا! یہ میں کیا دیکھ رہا ہوں! دل آرا! دل آرا! کیا تجھے میرے آنسوؤں سے بھی شرم نہیں آتی ہے جو میرے سامنے اس ناہنجار سے ہاتھ ملاتی ہے۔

ماہ پارہ:۔ لو بڑھاپے اور حماقت کی نظروں میں یہ اخلاقی رسم بھی خلافِ دستور ہے۔

دل آرا:۔ سچ کہتی ہو۔ کیوں صاحب؟ کیا ہاتھ ملانا بھی کوئی قصور ہے؟

خاقان:۔ ہے اور ضرور ہے۔ ڈر! ڈر! اس سے ڈر! یہ عورت نہیں بلکہ شرارت کا وہ اوزار ہے جس سے شیطان اپنا مطلب نکالتا ہے۔ اس کے سینے میں دل نہیں بلکہ وہ پتھر ہے کہ جس پر وہ گرتا ہے اسے پیس ڈالتا ہے اور جو اُس پر گرتا ہے وہ چور چور ہو جاتا ہے۔

دل آرا:۔ تو آپ کا مطلب یہ ہے کہ بہن کو بہن کی محبت چھوڑ دینا چاہیے؟

خاقان:۔ ہاں! وہ دانت جو منہ میں رہ کر زبان کاٹے اسے توڑ دینا چاہیے۔

دل آرا:۔ تو جناب مجھے اس رائے سے انکار ہے۔

خاقان:۔ تو ناتجربہ کار ہے اور سودائی! کیسی بہن اور کہاں کا بھائی! دنیا والے مثل آنکھ اور ابرو کے ہیں جو پاس پاس رہ کر ایک دوسرے کو دیکھ نہیں سکتے۔

دل آرا:۔ بات یہ ہے جناب والا!

خاقان:۔ اس۔۔۔ اس۔۔۔ کو دیکھو جس کو میں نے جان کی طرح پالا، دن کو رات اور رات کو دن کر ڈالا۔ آج یہ خدا کو بھولی ہے۔ اتنا بھی نہیں جانتی کہ خاقان کون کتّا اور کس کھیت کی مولی ہے!

ماہ پارہ:۔ یہ میرا قصور نہیں۔ صرف آپ کا جوش و غضب!

خاقان:۔ بس خدا کے واسطے اب تو مجھے پاگل نہ بنا۔ جا! جی اور جینے دے! اب میری زندگی اپنی کمبختی کے دن یہیں گزارا کرے گی (دل آرا سے) پیاری بیٹی تو اپنے بوڑھے باپ اور اس کے سو نوکروں کا بار گوارا کرے گی؟

دل آرا:۔ جناب۔ اول آپ کو بہن کے ہاں جانے سے فضول انکار ہے۔ دوسرے جب میرے ہزاروں نوکر موجود ہیں، تو پھر آپ کا سو نوکر رکھنا بے کار ہے۔

خاقان:۔ اچھا تو میں پچاس ہی پر صبر کروں گا۔

دل آرا:۔ یہ بھی زیادہ ہیں۔

خاقان:۔ اچھا پچیس!

دل آرا:۔ یہ بھی بہت ہیں۔

خاقان:۔ اچھا تو بیس؟

دل آرا:۔ اوہوں!

خاقان:۔ دس؟

دل آرا:۔ اجی ایک آدمی کافی ہے بس۔

ماہ پارہ:۔ اگر سچ پوچھو تو ایک کی بھی ضرورت نہیں۔

خاقان:۔ او خدا! او خدا! اگر تیری ہی مرضی ان لڑکیوں کے دل کو سخت بنا رہی ہے تو مجھے سہارا دے۔ صبر کا یارا دے۔ اوہ تم! تم! او ناخلف عورتو! کیا تم یہ سمجھتی ہو کہ ظالم مظلوم کو ستا کر پھل پاتا ہے! نہیں! دھوکا نہ کھاؤ۔ خدا ٹھٹھوں میں نہیں اُڑایا جاتا ہے۔ اس کی لاٹھی بے آواز ہے۔ اس کی چکی چلنے میں سست مگر پیسنے میں بہت جلد باز ہے۔ میں اسی کے پاس اپنی فریاد لے کر جاؤں گا۔ میں اپنی چیخوں سے اس کے قہر و غضب کو جگاؤں گا۔ وہ بولے گا میں بلاؤں گا۔ وہ سنے گا، میں سناؤں گا۔ او بیوقوف عورتو! میں اپنے دل کے ٹکڑے کر دکھاؤں گا"۔

(خاقان دیوانہ وار سینہ پر ہاتھ مارتا اور دونوں ہاتھ آسمان کی طرف اٹھاتا ہے۔ دل آرا اور ماہ پارہ قہقہے مارتی ہیں)

ٹیبلو

(سین ختم)

پانچواں سین

خواب گاہِ سعدان

(سعدان کا سوتے نظر آنا۔ بیرم کے سکھائے ہوئے دو قاتلوں کا سعدان کو قتل کرنے کے لیے آنا۔ پہرے دار کا پہرہ دیتے نظر آنا۔ بیرم کا کھڑکی میں کھڑے ہو کر سیٹی بجا کر قاتل کو بلانا۔ قاتل کا بیرم کے اشارے سے سیڑھی لگا کر کھڑکی کی راہ سے مکان میں داخل ہونا۔ مکان کے اندر سے لوگوں کا شور مچانا۔ قاتل کا بغیر قتل کیے کھڑکی کی راہ سے فرار ہونا۔ پہرے دار کا قاتل سے مقابلہ کرتے ہوئے مارا جانا۔ پرویز کا شور وغل سن کر نیند سے بیدار ہو کر باہر آنا۔ پہرے دار کو مرتے ہوئے دیکھ کر پرویز کا حیران ہونا۔ بیرم کا اپنے باپ سعدان کو یہ موقع دکھلانا۔ سعدان کا دیکھ کر حیران رہ جانا۔)

(ڈراپ سین)

دوسرا باب
پہلا سین
جنگل پہاڑ

پرویز گانا:۔ کاہے من توسنکٹ سے گھبرایا۔ کاہے من توسنکٹ سے گھبرایا۔ بدھ مانی ، ابھیمانی، گیانی، راجا اور رانی، سب ہی نے دکھ پایا۔ کاہے من تو۔۔۔ کیوں غافل بھولا، یہاں جو گل پھولا، آخر کو وہ مرجھایا، کاہے من تو۔۔۔

(خود سے): کون جانتا ہے کہ میں کون ہوں ؟ کون جانتا ہے کہ اس فقیرانہ لباس میں ایک دولت مند نواب کا نورِ نظر، لخت جگر ہے! کون کہہ سکتا ہے کہ اس پھٹی ہوئی گدڑی میں ایک امیر کا لال پوشیدہ ہے! چل پرویز چل اور اس غریب خاقان کی مدد کر اور وہ غلط الزام جس کی وجہ سے تو چھپا پھرتا ہے، اسے شرافت اور لیاقت سے رد کر۔

گانا:۔ دنیا ایک مسافر خانہ ہے پیارے، نہ من اٹکانا۔ دنیا ایک مسافر خانہ۔ سانج سمجھ کر آ ٹھہرے ہیں۔ بھور کو ہے جانا۔ دنیا ایک مسافر خانہ۔ چن چن ماٹی محل بنایا۔ لوگ کہیں گھر میرا۔ نا گھر تیرا نا گھر میرا۔ چڑیاں رین بسیرا۔ مت للچانا۔ دل نہ لگانا۔ ہری کا گن گانا۔ دنیا ایک مسافر خانہ۔

سعدان:۔ کیوں بیرم؟

بیرم:۔ جناب آپ نے مجھے کس کے پاس بھیجا تھا؟

سعدان:۔ ماہ پارہ اور دل آرا کے پاس۔

بیرم:۔ نہیں بلکہ وحشی اور درندوں کے پاس۔

سعدان:۔ کیوں؟ تمھارا سمجھانا کچھ کارگر نہ ہوا؟

بیرم:۔ حضور! اگر پتھر ہوتا تو پانی ہو کر بہہ جاتا۔ لوہا ہوتا تو پگھل جاتا۔ مگر خدا جانے ان ناخلف عورتوں کا دل کس چیز کا بنا ہوا ہے جو مطلق اثر نہ ہوا۔

سعدان:۔ جاؤ! جاؤ! پھر جاؤ! اور انھیں لا کر اس غریب کی مصیبتیں دکھاؤ۔ خدا کی قسم اگر انھوں نے اس غریب کی مدد نہ کی تو وہ سردی اور طوفان سے پاگل ہو جائے گا۔ چلو! چلو! آنکھوں سے دیکھ کر تو انھیں رحم آئے گا۔

(خاقان کا دیوانہ وار آنا)

خاقان:۔ چھوڑ دے۔ چھوڑ دے۔ تو بھی مجھے چھوڑ دے۔ جا۔ جا۔ چلا جا!

ارسلان:۔ خداوندا!

خاقان:۔ خوب برسو۔ خوب چمکو، ہوا، آگ، مٹی، پانی ان سب کو رشوت دی گئی ہے۔ یہ سب میری بیٹیوں سے مل گئے ہیں۔ جا۔ جا۔ تو بھی ان سے مل جا!

ارسلان:۔ حضور! برف گر رہی ہے۔

خاقان:۔ گرنے دے! گرنے دے! چل اے ہوا خوب زور سے چل! اے بادلو! اتنی شدت سے برسو کہ پہاڑوں کی چوٹیاں، محلوں کے گنبد، قلعوں کے مینار یہ سب تہِ آب ہو جائیں!

ارسلان:۔ ایسی اولاد پر لعنت ہو جس کے دل میں ایسا زہریلا مادہ پیدا ہو جاتا ہے۔

خاقان:۔ ہاں! اور اس باپ پر بھی لعنت ہو جو اپنے نطفے سے ایسی ناخلف اولاد پیدا کرتا ہے! اور اس ماں پر بھی لعنت ہو جو اپنی چھاتیوں کا دودھ پلا پلا کر دنیا کی مصیبتوں کو

بڑھاتی ہے! اور اس محبت پر بھی لعنت ہو جو ایسے زہریلے دانت والے کتّوں کو پالتی ہے!

پرویز:۔ ہائے! کیسی اچھی طبیعت برباد ہو گئی!

خاقان:۔ اے شاہی شان و شوکت! تو ان تکلیفوں کو برداشت کر۔ اگر تو سردی اور طوفان میں نہ پڑتا تو خدا کے قہر و غضب سے نہ ڈرتا! اگر مصیبت امیروں کے سر نہ ہوتی تو خدا کے غریب بندے کس تکلیف سے دن گزارتے ہیں، یہ تجھے مطلق خبر نہ ہوتی۔

پرویز:۔ حضور کسی پناہ کی جگہ چلیے۔

خاقان:۔ ایسی جگہ تو صرف قبر ہے مگر نہیں قبر میں بھی پناہ نہیں۔ وہاں بھی پہلے ہزاروں من خاک کے نیچے دباتے ہیں۔ پھر کیڑے آ کر کھاتے ہیں۔ اس کے بعد گوشت سڑتا ہے۔ جسم بگڑتا ہے، ہڈیوں کو مصیبت کا سامنا کرنا پڑتا ہے۔ کچھ پِستی ہیں، کچھ گلتی ہیں، کچھ کھاد ہوتی ہیں اور اس پر بھی بچ رہیں وہ جنگلی جانوروں کی ٹھوکروں سے برباد ہوتی ہیں۔

ارسلان:۔ صبر کیجیے میرے آقا! میرے مالک! میرے شہنشاہ! میرے خداوندِ نعمت!

خاقان:۔ چپ! جھوٹا! خوشامدی! گمراہ! وہ شخص جس کی زندگی غریبوں کے قبرستان کی طرح تاراج ہے، اس مفلس فقیر آدمی کو تو شہنشاہ بتاتا ہے۔ آہ! یہی لفظ تھے جنھوں نے مجھے دھوکا دیا۔ انھیں تعریفوں سے بیٹیوں نے مجھے لوٹ لیا۔ کیا تو بھی اب خوشامد کر کے مجھے لوٹنا چاہتا ہے؟ اب میرے پاس کیا ہے؟ ہاں ہے! یہ سڑا ہوا چیتھڑا جو میں نے کفن کے لیے بچا رکھا ہے! یہ بھی نہ بچاؤں گا۔ ننگا ہی دنیا میں آیا تھا اور ننگا ہی دنیا سے جاؤں گا! لے آ! اُتار! اُتار! (جامہ کو تار تار کر ڈالتا ہے)

سعدان:۔ پروردگار! پروردگار!

(ماہ پارہ آتی ہے)

خاقان:۔ خبیث! چڑیل! مردار! جا۔ جا۔ چلی جا۔ تو اپنی راحت کی دنیا چھوڑ کر ہم غریبوں کی دنیا میں کیوں آئی؟ سو۔ سو۔ آرام کے محلوں میں سو۔ پھولوں کی سیجوں پر سو۔ عیش کی بارہ دریوں میں سو اور یہاں تک نیند میں سرشار ہو کہ خدا کا قہر، جس کو میں اپنی چیخوں سے جگا رہا ہوں، ایک دم بیدار ہو۔ بیدار ہو۔ بیدار ہو۔

سعدان:۔ دیکھیے! دیکھیے! کیا یہ صورت کسی سے دیکھی جا سکتی ہے! کیا کسی شخص کی ایسی ابتر حالت آپ کے وہم و گمان میں آسکتی ہے؟

ماہ پارہ:۔ اگر یہ آنکھیں ہیں تو اس شخص کی اس سے بھی زیادہ بدتر حالت دیکھوں گی اور تم بھی دیکھو گے۔

سعدان:۔ نہ فرمایئے۔ نہ فرمایئے۔ وہ باتیں جو ایک غیر مرد نہیں کہہ سکتا آپ بیٹی ہو کر نہ فرمایئے اور اگر ایسا ہونے والا بھی ہے تو آپ کا فرض ہے کہ خود بھی رحم کھایئے اور خدا سے بھی رحم کی درخواست کیجیے۔

ماہ پارہ:۔ ایسے ضدی شخص پر رحم کرنے یا رحم چاہنے کی کوئی ضرورت نہیں۔

سعدان:۔ ضرورت نہیں! یہ جواب تو کچھ باجحت نہیں۔ کیوں حضور جب آپ کبھی لڑکپن میں کھیلتے کھیلتے گر پڑتی تھیں، تو کیا بادشاہ سلامت آپ سے یہی کہتے تھے کہ کوئی ضرورت نہیں، نہ اٹھاؤ۔ جب آپ بچپن میں بھوک سے بلبلاتی تھیں تو کیا اعلیٰ حضرت ملکۂ عالم سے یہی کہا کرتے تھے کہ ابھی ضرورت نہیں، دودھ نہ پلاؤ۔ نہیں! واللہ اگر کسی وقت آپ کا حال ذرا بھی نوعِ دگر ہو جاتا تھا تو وہی نورانی چہرہ جسے آپ چیلوں اور گدھوں سے نچوانا چاہتی ہیں روتے روتے آنسوؤں سے تر ہو جاتا تھا۔

ماہ پارہ:۔ یہ سب یاد دلانا واہیات ہے۔

سعدان:۔ بڑے افسوس کی بات ہے کہ یہ درخت جس میں نہ انسان کی سی عقل و دانائی ہے اور نہ کسی نے انھیں محبت اور اطاعت سکھائی ہے، پھر بھی یہ اپنے باغبان کے کام آتا ہے یعنی اپنے پھولوں سے اس کا دماغ معطر بناتا ہے، اپنے پھل اس کو کھلاتا ہے، اپنے سائے میں سلاتا ہے، مگر اپنے باپ کے ساتھ جس نے آپ کو ماں کی طرح سنبھالا، گودیوں میں پالا، رات کو دن اور دن کو رات کر ڈالا، ذرا بھی سلوک کرنے میں خوش نہیں ہیں۔ اگر خدا ان درختوں میں زبان پیدا کر دے تو کیا یہ نہ کہیں گے کہ انسان سے بڑھ کر احسان بھول جانے والا محسن کُش کوئی نہیں ہے۔

ماہ پارہ:۔ سعدان! درخت تو نہیں کہتے مگر ان کی آڑ میں تم کہتے ہو۔

سعدان:۔ ہاں اگر میں ہی کہتا ہوں تو سچ کہتا ہوں۔

ماہ پارہ:۔ میں تمھاری باتوں سے نفرت کرتی ہوں۔

سعدان:۔ اور آپ کی باتوں سے خدا نفرت کرتا ہے۔

ماہ پارہ:۔ ادب سیکھو!

سعدان:۔ نیکی سیکھو۔

ماہ پارہ:۔ انسان بنو۔

سعدان:۔ مہربان بنو۔

ماہ پارہ:۔ میرا رتبہ جانو۔

سعدان:۔ اپنے باپ کا مرتبہ پہچانو۔

ماہ پارہ:۔ زبان آرائی نہ کرو۔

سعدان:۔ اپنے پالنے والے سے برائی نہ کرو۔

ماہ پارہ:۔ دیکھو یہ جان جانے کا قرینہ ہے۔

سعدان:۔ مالک پر جان دینا وفاداری کا جینا ہے۔

ماہ پارہ:۔ پچھتانا ہو گا۔

سعدان:۔ دوزخ میں جانا ہو گا۔

ماہ پارہ:۔ یہ گستاخی!

سعدان:۔ یہ بے رحمی!

ماہ پارہ:۔ عقل اور ایسی بدتر!

سعدان:۔ دل اور ایسا پتھر!

ماہ پارہ:۔ دیکھو سعدان میری مہربانیوں کو حقیر نہ جانو۔ ایسے بیہودہ دماغ رکھنے والے سر فوراً اڑا دیے جاتے ہیں۔ میں پھر تم سے کہے دیتی ہوں کہ اگر تم نے میرا ساتھ نہ دیا تو اُس چوراہے پر پھانسی پاؤ گے جہاں شہر کے کتّے گولی سے مار دیے جاتے ہیں۔

سعدان:۔ میری زندگی اسی کے لیے ہے اور میری موت بھی اسی کے لیے ہو گی۔ میری ہستی، جب تک اس بستی میں بستی ہے، اپنی عمر کے ہر ایک گھنٹے کو اسی کی یاد میں مبارک بنائے گی اور میری روح، جب تک اس جسم میں ہے، اپنی رگوں کے تار پر اس کی محبت کا گیت گائے گی۔ اس وقت بھی جب کہ ظالم خنجر میرا گلا ریت رہا ہو گا میرے خون کی ہر ایک دھار اسی کے قدموں کی طرف بہہ کر جائے گی۔

(چلا جاتا ہے)

(بیرم کا آنا)

ماہ پارہ:۔ بیرم! تم نے دیکھا۔

بیرم:۔ میں افسوس کرتا ہوں۔

ماہ پارہ:۔ دیکھو بیرم! اگر تم نے میرے باپ کی مجھ سے سفارش کی تو میں تم سے بھی

ناراض ہو جاؤں گی۔

شوہر ماہ پارہ:۔ (سائڈ میں) کون؟ ماہ پارہ اور بیرم!

بیرم:۔ اے میرے دل کی روشنی! تو مجھ سے اپنی محبت واپس نہ لینا۔ اگر تو اپنا یہ روشن چہرہ چند لمحے کے لیے اِدھر سے اُدھر پھیر لے گی تو میرے خوشی کے دن کو فوراً غم کی تاریکی گھیر لے گی۔

ماہ پارہ:۔ دیکھو بیرم! میں تم کو بہت چاہتی ہوں اور محبت کرتی ہوں۔

شوہر ماہ پارہ:۔ (سائڈ میں) چاہتی ہوں اور محبت کرتی ہوں! اوہ خدا یہ میں کیا دیکھ رہا ہوں! اے آسمان تو کیوں اِن پر نہیں گر پڑتا۔ اے زمین تو ان گنہگاروں کو کیوں نہیں نگل جاتی!

ماہ پارہ:۔ پیارے بیرم! کاش میرے شوہر کی زندگی پر موت فتح پاتی۔

شوہر ماہ پارہ:۔ اوہ! بے شرم! ذلت ہے تجھ پر! لعنت ہے تجھ پر! یہ بد ذاتی! یہ بد صفاتی!

بیرم:۔ اررررر! غضب ہو گیا!

(ماہ پارہ کے شوہر اور بیرم کا سامنا ہوتا ہے)

ماہ پارہ:۔ اررررا! کیوں ڈرتا ہے؟ کیوں گھبراتا ہے؟ ایک وار میں ہمیشہ کے لیے جھگڑا پاک ہوا جاتا ہے۔

شوہر ماہ پارہ:۔ کمینے! خبیث! کتّے! آ۔ آ۔ آ۔

ماہ پارہ:۔ بیرم! مار کیا دیکھتا ہے۔

شوہر ماہ پارہ:۔ اوہ خدا! انصاف! (وار کرتا ہے بیرم گرتا ہے)

ماہ پارہ:۔ کیوں بیرم۔ کیا ہوا!

بیرم:۔ کچھ نہیں۔ ذرا میرا پاؤں پھسل گیا تھا ورنہ میں خوب مزا چکھاتا۔

(دونوں لڑتے ہیں)

ٹیبلو

(سین ختم)

دوسرا سین

پہاڑی جنگل

سعدان:۔ آخر کم بختوں نے اپنے باپ کو پاگل بنا دیا!

بیرم:۔ کیسی وحشی اور ناخلف اولاد ہے!

سعدان:۔ خیر! خدا کا قہر زارا کی شکل بدل کر آیا ہے وہی ان سے پورا پورا انتقام لے گی!

بیرم:۔ مگر بادشاہ سلامت اب کہاں ہیں؟

سعدان:۔ قلعے میں، میں نے زارا کے پاس بھجوا دیا ہے۔ دیکھو بیرم! ہم پر بادشاہ کا حق ہے اور وہ حق اس طرح سے ادا ہو سکتا ہے کہ ہم تم اور جو یہ حق ادا کرنا چاہتے ہیں وہ سب مل کر ان کی مدد کریں!

بیرم:۔ در حقیقت جناب شرافت تو اسی بات کی تائید کرتی ہے۔

سعدان:۔ اچھا! انھوں نے اپنی فوج کا سپہ سالار کس کو بنایا ہے۔ ایک تو تم ہو اور دوسرا طرّم۔

بیرم:۔: طرّم۔

سعدان:۔ تم تو میرے بیٹے ہو۔ اس لیے وہی کروگے جو باپ کی مرضی ہوگی۔ اب رہا طرّم۔ اسے میرا یہ خط لے جا کر دکھا دو۔

بیرم:۔ (سائڈ میں) اب یہ خط حرف بحرف ماہ پارہ اور دل آرا کو جا کر سناتا ہوں۔ چل بیرم چل۔ اسی طرح بوڑھوں کی بیوقوفی سے جوان عقل مندوں کا فائدہ ہوتا ہے۔

بیرم:۔ میں آفت کا پر کالہ ہوں۔ میں ڈسنے والا کالا ہوں۔ میں پھندا پھانسا، حیلہ، جھانسا، لاکھوں حکمت والا ہوں، میں آفت کا پر کالہ ہوں۔

سب سو گئے ہیں جب سے میرا فریب جاگا

شیطان تھا فریبی پر اس کی دُم میں دھاگا

وہ چال کی کہ وہ بھی لاحول پڑھ کے بھاگا

ہر دم میرے پو بارے ہیں۔ سب سیانے مجھ سے ہارے ہیں۔ دنیا سے چلتا۔ سب کو چھلتا۔ قاتل سم کا پیالہ ہوں

میں آفت کا پر کالہ ہوں

(جانا)

(خاقان، ارسلان اور سعدان کا آنا)

سعدان:۔ افسوس! غریب پھر جنون کے جوش میں قلعے سے باہر نکل آیا۔

خاقان:۔ ہمیں نہیں جانتا! ہمیں نہیں پہچانتا؟ ہم بادشاہ ہیں! ہمیں سکّہ چلانے کے لیے کیوں سزا دے رہا ہے؟

پرویز:۔ ہائے کیسی اچھی طبیعت برباد ہو گئی!

خاقان:۔ غریبوں کے عیب زیادہ ظاہر ہوتے ہیں۔ امیروں میں اُن سے بڑھ کر برائیاں ہوتی ہیں لیکن اُن کی زرق برق پوشاک میں چھپی رہتی ہیں۔

سعدان:۔ خدا ان ظالموں کو بھی یونہی برباد کرے۔ حضور!

خاقان:۔ میں نے یہ آواز کہیں سنی ہے! میں نے تم کو اور ان کو کہیں دیکھا ہے!

سعدان:۔ حضور! میں آپ کا غلام ہوں!

ارسلان:۔ سعدان ایسی حالت تو ایک غریب شخص کی بھی نہیں دیکھی جا سکتی۔

سعدان:۔ اب میری آنکھیں آنسو بن کر بہہ جائیں گی۔

خاقان:۔ ہیں! تو روتا ہے! اگر تجھے ہماری قسمت پر رونا ہے تو ہماری آنکھیں لے اور صبر کر۔ ہم بھی جب اس تماشا گاہ میں آئے تھے تو یوں نہیں رویا کرتے تھے۔ تو نے اس تماشا گاہ میں کوئی گانا سیکھا ہے۔

ارسلان:۔ حضور ایک زندگی کا نوحہ یاد ہے۔

خاقان:۔ سنا۔

ارسلان:۔

کہہ رہا ہے آسماں، یہ سب سماں کچھ بھی نہیں
پیس دوں گا ایک گردش میں جہاں کچھ بھی نہیں
جس جگہ تھا جم کا جلسہ اور خسرو کا محل
چند قبروں کے سوا، اب تو وہاں کچھ بھی نہیں

خاقان:۔ یہی ہے یہی ہے! سپاہیو! اسے پکڑ لو۔ حاکم صاحب اس کی روبکاری لکھیے۔ میں جھوٹ نہیں کہتا۔ اس کا نام ماہ پارہ ہے۔ اس نے اپنے بوڑھے باپ کو ٹھوکروں سے مارا ہے۔ ہیں! تو چپ کیوں ہو گیا۔

ارسلان:۔

تخت والوں کا پتہ دیتے ہیں تختے گور کے
کھوج ملتا ہے یہاں تک، بعد ازاں کچھ بھی نہیں

خاقان:۔ دیکھیے! دیکھیے! وہ دوسری بھی آئی۔ اس کا نام دل آرا ہے۔ اس کی بگڑی ہوئی شکل سے اس کی طبیعت کی برائی آشکارا ہے۔ ہیں! کیا وہ بھی بھاگ گئی۔ ابھی تو کچھ گا رہا تھا؟

ارسلان:۔

گونجتے تھے جن کے ڈنکوں سے زمین و آسماں

چپ پڑے ہیں قبر میں، اب ہوں نہ ہاں کچھ بھی نہیں

خاقان:۔ (دیوانہ وار) کچھ نہیں! کچھ نہیں! انصاف کے روپیوں نے خرید لیا ہے۔ حاکموں کو رشوت دی گئی ہے۔ اوہ تم سب ڈاکو ہو۔ سب دغا باز ہو!

زارا:۔ یہ ہیں۔ سنبھال لو۔ لے چلو۔

خاقان:۔ چھوڑ دو۔ مجھے چھوڑ دو۔ ارے کوئی بچانے والا نہیں۔ کوئی میرے حال پر ترس کھانے والا نہیں۔

زارا:۔ آپ قلعے میں تشریف لے چلیے۔ بندی آپ کی خدمت کرے گی۔

خاقان:۔ مجھے مت چھیڑو۔ میں ایک بیوقوف بوڑھا شخص ہوں۔ میری عمر ساٹھ سے بھی زیادہ ہے۔ مجھے بیوقوف سمجھ کر ہنسنا نہیں۔ میں جانتا ہوں کہ تو میری بیٹی زارا ہے۔

زارا:۔ جی ہاں۔ میں وہی ہوں۔ آپ مجھے دعا دیجیے۔

شوہر زارا:۔ لایئے میں آپ کے ہاتھ کو بوسہ دوں۔

خاقان:۔ اسے دھو ڈالو اس میں فنا کی بو آتی ہے۔ ارے تم سب نہیں ہٹتے۔ نہیں چھوڑتے۔ اوہ بیوقوفو! ہم لڑ کر مر جائیں گے مگر تمھاری اطاعت کبھی نہ کریں گے۔ ہم بادشاہ ہیں۔ پکڑ لو۔ باندھ لو۔

زارا:۔ افسوس! اولاد نے باپ کی طبیعت کس قدر بدل دی۔

شوہر زارا:۔ ایسی حالت میں انسان کا پاگل ہو جانا کچھ تعجب نہیں۔

زارا:۔ مگر تعجب تو یہ ہے کہ اب تک زندہ کیوں کر رہے۔

سعدان:۔ حضور! اب ان کی ایسی نگرانی کیجیے کہ قلعے کے باہر نہ آنے پائیں، کیوں کہ جب سے آپ نے اس سرحدی قلعے پر قبضہ کیا ہے اس وقت سے دشمن کی سپاہ چاروں طرف پھرا کرتی ہے۔

شوہر زارا:۔ اب وہ ایک انچ زمین بھی مجھ سے واپس نہیں لے سکتے۔ مجھے اپنی باقی فوج کا انتظار ہے۔ پھر یہ قلعہ تو کیا ان کو اپنے بچے ہوئے ملک کا بھی بچانا دشوار ہے۔

سعدان ارسلان:۔ خدا آپ کو فتح نصیب کرے۔

زارا:۔ وہ ضرور نصیب کرے گا۔ کیونکہ میرا پیار حرص وہوس سے غیر ملک پر حملہ کرنے نہیں ایا بلکہ میری محبت۔۔۔

شوہر زارا:۔ اور انسانیت کا فرض مجھے یہاں تک کھینچ لایا۔

ارسلان:۔ خداوند! تو حق ہے حق کا ساتھ دے۔ آمین۔

ارسلان:۔ دل کو ہے جان کا بیری پایا۔ یہ کیسا زمانہ ہے آیا، دل کو۔۔۔ باغِ جہاں کے ہیں گل بوٹے۔ ہیں سب جھوٹے۔ رنگِ وفا پایا۔ دل کو ہے جان کا۔۔

(سین ختم)

تیسرا سین

مکان دل آرا

(دل آرا اور بیرم کا آنا)

دل آرا:۔ تعجب تو یہ ہے کہ اس خط کے لکھتے وقت اس بیوقوف نے اپنے انجام پر بھی نگاہ نہ کی۔

بیرم:۔ مجھے خود تعجب ہے۔ اور قسم ہے اس سر کی کہ خیر خواہی کے واسطے میں نے اپنی سعادت مندی کی بھی پروانہ کی۔

دل آرا:۔ تو کیا ایسے دغاباز کو سخت سزا نہ دینی چاہیے۔

بیرم:۔ کیوں نہیں دینی چاہیے، مگر میں کیسے کہہ سکتا ہوں۔ اس لیے کہ۔۔۔

دل آرا:۔ اس لیے کہ تمھارا باپ ہے۔

بیرم:۔ اگر میرا باپ نہ ہوتا تو میں خود اپنے ہاتھ سے اسے پھانسی دیتا۔

دل آرا:۔ خیر! یہ فرض تمھاری طرف سے ہم بجالائیں گے۔

بیرم:۔ میری بھی کیا بری قسمت ہے! یہ سب جانتے ہیں کہ میں نے بڑی نمک حلالی کا کام کیا ہے مگر پھر بھی لوگ مجھے بدنام کریں گے۔

دل آرا:۔ پیارے بیرم! میں نے اپنا دل جو شوہر کی امانت تھا تمھیں دے دیا۔ خدا تک کی پروانہ کی اور تم انسانوں کی پروا کرتے ہو۔

ماہ پارہ:۔ میں نے نمک حرام سعدان کی گرفتاری کے لیے کتّے چھوڑ رکھے ہیں۔

دل آرا:۔ تو اب وہ بچ نہیں سکتا۔

ماہ پارہ:۔ اگر وہ یہاں آیا تو میں اس کی بوٹیاں نچوادوں گی۔

دل آرا:۔ اور میں اس کی ہڈیاں کچلوادوں گی۔

ماہ پارہ:۔ میں اس کی ہڈیوں کو جلا کر خاک کر دوں گی۔

دل آرا:۔ اور میں اس خاک کو اپنی ٹھوکروں سے اُڑادوں گی۔

بیرم:۔ جناب! انصاف تو اس سے بھی زیادہ سخت سزا تجویز کرتا ہے مگر چونکہ آپ رحم دل ہیں اس لیے تھوڑا رحم کیجیے اور اگر ایسا نہیں ہو سکتا تو مجھے اجازت دیجیے تاکہ میں چلا جاؤں کیوں کہ میں اپنے باپ کو برائی کا بدلہ پاتے ہوئے دیکھوں گا تو مجھے شرم آئے گی۔

دل آرا:۔ کتنا نیک معاش ہے!

ماہ پارہ:۔ یہ اتنا ہی شریف ہے جتنا اس کا باپ بد معاش ہے۔ (سعدان کا آنا) ادھر آ۔ پاجی! کتّے!

دل آرا:۔ ذلیل! نمک حرام!

سعدان:۔ شرافت کو نہ بدنام کرو۔ تمھارا باپ شریف ہے اور تمھاری ماں بھی شریف تھی اور میں بھی شریف۔ اس لیے تم بھی شریف بنو اور شریفانہ کلام کرو۔

ماہ پارہ:۔ تو کتّے سے بھی زیادہ ذلیل ہے۔

سعدان:۔ اس کی کیا دلیل ہے؟

دل آرا:۔ یہ کہ تو دغا باز اور جھوٹا ہے۔

سعدان:۔ سچ کہتی ہو! میں نے ہی تو خوشامد سے اپنے باپ کو لوٹا ہے!

ماہ پارہ:۔ بد معاش تو نے خاقان کو زارا کے پاس کس لیے بھیجا ہے۔

سعدان:۔ اس لیے کہ میں یہ نہیں دیکھ سکتا تھا کہ تو اس کے ضعیف جسم کو ایذا پہنچائے یا اپنے ناخونوں سے اس کے جھُرّیاں پڑے چہرے کو نوچ نوچ کر کھائے۔

ماہ پارہ:۔ بدمعاش!

سعدان:۔ ظالمو! جنگل خوفناک۔ رات مہیب۔ اس پر بجلی کی گرج، آندھی، پانی ان سب آفتوں کی طغیانی اور اس میں ایک بوڑھا ضعیف شخص خستہ و خراب تھا۔ اس وقت تم اور تمھارا ہر نوکر محوِ خواب تھا۔ میں آیا۔ میں گڑگڑایا۔ میں نے سمجھایا مگر تم نے اپنے باپ پر ذرا ترس نہ کھایا اور اتنا نہ کہا کہ جاؤ دروازہ کھول دو اور اسے اندر بلا لو۔ او وحشیو! جلا دو! اس وقت اگر میرے دروازے پر کوئی بھیڑیا بھی آ کر غل مچاتا تو میں کہتا دروازہ کھول دے اور اس کو گھر میں چھپا لے۔

ماہ پارہ:۔ اس جرم پر ہم تیری بوٹیاں بھیڑیوں کو کھلوائیں گے۔

دل آرا:۔ اس کی زبان کاٹ لو۔

سعدان:۔ ہاں جلدی کرو ورنہ تمھارے سب عیب کھُل جائیں گے۔

ماہ پارہ:۔ خط لکھوا کر دوسرے کے نوکروں کو پھُسلانا یہ کارروائی کس قدر ذلیل ہے۔

سعدان:۔ ایک ناواقف کو سانپ کی دوستی سے بچانا شرافت اور انسانیت کی دلیل ہے۔

دل آرا:۔ وہ بیوقوف ہے۔

سعدان:۔ اور تو مکّار ہے۔

ماہ پارہ:۔ وہ مصیبت ہی کے لایق ہے۔

سعدان:۔ اور تو لعنت ہی کی سزاوار ہے۔

دل آرا:۔ تو بوڑھے لباس میں شیطان ہے۔

سعدان:۔ اور تو عورت کے جامے میں حیوان ہے۔

ماہ پارہ:۔ بد معاش تو ایسا بے خوف ہو کر ہم سے کلام کرتا ہے۔

سعدان:۔ جس کو خدا کا خوف ہوتا ہے وہ انسانوں سے نہیں ڈرتا ہے۔

ماہ پارہ:۔ تو اور یہ زبان درازی۔

سعدان:۔ بیٹی اور باپ سے دغابازی۔

ماہ پارہ:۔ یہ دماغ اور ایسا بیہودہ جنون۔

سعدان:۔ اولاد اور ایسا سفید خون۔

ماہ پارہ:۔ بد معاش پاجی! جلّاد! مار ہاتھ تاکہ یہ سر اِن قدموں پہ لوٹے۔

سعدان:۔

اے فرشتو! سن رکھو، روحِ صداقت رکھ نگاہ
اے زمیں دینا شہادت، اے فلک رہنا گواہ
فرضِ ایماں، حقِ مالک آج ادا میں کر چکا
بڑھ اِدھر تلوار کھینچ اور وار کر! ہے سر جھکا

جلّاد:۔ ہے اجازت؟

ماہ پارہ:۔ پوچھتا کیا ہے؟

دل آرا:۔ اُڑا موذی کا سر؟

جلّاد:۔ بد نصیب انسان۔ آہ! (دل آرا کا شوہر اکرم داخل ہو کر جلّاد کا سر تلوار سے اُڑا دیتا ہے)

ماہ پارہ:۔ یہ کیا کیا بیداد گر؟

شوہر دل آرا:۔ وہ کیا جس کا یہ سزاوار تھا۔

دل آرا:۔ مگر کیا یہ تمھارا خطاوار تھا؟

شوہر دل آرا:۔ اور کیا یہ تیرا گنہگار ہے؟

دل آرا:۔ بیشک یہ موذی مکار ہے۔

ماہ پارہ:۔ اس نے ہم کو دھوکا دیا۔

شوہر دل آرا:۔ اور تم نے اپنے باپ کو دھوکا دیا اور دھوکا بھی وہ دھوکا کہ جس کا نام سن کر شیطان تک لرز جاتا ہے۔

دل آرا:۔ مجھے تمھاری عقل پر افسوس آتا ہے۔

ماہ پارہ:۔ تم بڑے ذلیل ہو۔ تمھارا دل بزدلی اور بے عزتی اٹھانے کے لیے بنا ہے۔

شوہر دل آرا:۔ عقل اور نیکی کی باتیں بدوں کو ہمیشہ بری معلوم ہوتی ہیں۔ تم نے کیا کیا؟ اس غریب کو چیلوں کی طرح نوچ نوچ کر کھالیا۔ کیا تم اس کی بیٹیاں نہیں ہو؟ کیا وہ تمھارا باپ نہیں ہے؟ ایسے سفید سر کو جسے ریچھ بھی تعظیم سے چومتا ہے تم نالائقوں نے اسے پاگل بنا دیا۔ اگر اس کے دل میں رحم آیا، اس کے خون نے جوش کھایا، اگر یہ نمک خواری کا فرض بجالایا، تو اس نے کون سی گنہگاری کی؟ تم نے بیٹیاں ہو کر اسے راحت نہ دی اور اس نے غیر ہو کر خدمت گزاری کی۔

سعدان:۔ او خدا! ان کے دل میں انصاف پیدا کر۔

ماہ پارہ:۔ چپ بدمعاش کیا یہ انصاف نہیں ہے کہ تو خاک و خون میں ملایا جائے اور بیرم کا جس نے ہم پر تیرا پُر فریب خط ظاہر کیا ہے عزت اور رتبہ بڑھایا جائے۔

سعدان:۔ او خدا! کیا بیٹے نے باپ سے فتنہ پردازی کی۔ افسوس! افسوس! اب میری آنکھ کھل گئی۔ ضرور غریب پرویز کے ساتھ بھی اِسی نے دغابازی کی؟

دل آرا:۔ ایسی اندھی عقل بھی کس کام کی جو یہ بھی نہیں دیکھ سکتی کہ ایسی نیکی کرنے سے کیا برائی ہو گی؟

شوہر دل آرا:۔ اور تو بھی تو دیکھ کہ شیطان میں بھی اتنی برائیاں نہیں جتنی تم عورتوں میں نمایاں نظر آتی ہیں۔

ماہ پارہ:۔ کیسا بزدل ہے کہ ہمت کا ایک لفظ بھی زبان پر نہیں آتا!

شوہر دل آرا:۔ تو مجھے کیوں غصہ دلاتی ہے؟ اگر عورت نہ ہوتی تو میں تیری ہڈیاں پیس ڈالتا۔ سپاہیو! چھوڑ دو اس کو۔

دل آرا:۔ یہ نہیں چھوٹ سکتا۔

شوہر:۔ میں کہتا ہوں کہ اسے چھوڑ دو۔

دل آرا:۔ اور میں بھی کہتی ہوں کہ یہ نہیں چھوٹ سکتا۔

شوہر:۔ تم نے نہیں سنا۔

ماہ پارہ:۔ وہ نہیں سن سکتے۔

شوہر:۔ میں تمھیں حکم دیتا ہوں کہ ان دونوں کو قید کر لو۔

دل آرا:۔ اور میں بھی حکم دیتی ہوں کہ اس کا سر کاٹ لو۔

شوہر:۔ اوہ! خبیثو! بدمعاشو! آہ!

سعدان:۔ اوہ خدا! یہ کیا ہو رہا ہے؟

ماہ پارہ:۔ ٹھہر۔ بدمعاش۔ تو کہاں جاتا ہے؟

سعدان:۔ آہ!

ٹیبلو

(سین ختم)

چوتھا سین

راستہ

(بیرم کا فوج کا دستہ لیے گاتے ہوئے گزرنا)

گانا:۔ لڑیں ہم جم کے۔ خنجر چمکے۔ دل کانپے عالم کے۔ چلے تیغ ستم۔ سر تن ہو قلم۔ دشمن لیں راہِ عدم۔ کار زار میں خنجر سے آتش برسے۔ دنیا لرزے تھر تھر ڈرسے۔ فوجِ دشمن دنگ ہو۔ جنگ کا وہ رنگ ہو۔ روحِ ستم تنگ ہو۔ آؤ لڑو جم کے۔ لڑیں ہم جم کے۔

ٹیبلو

(سین ختم)

پانچواں سین

قلعے کا دروازہ

(خاقان کا زارا کے ساتھ قلعے سے نکلتے ہوئے دکھائی دینا۔ بیرم کا فوج کے ساتھ آکر اس کو گرفتار کرنا)

بیرم:۔ خبردار!

(زارا اور ماہ پارہ کی سپاہ کا لڑتے نظر آنا۔ ماہ پارہ کے سپاہیوں کا خاقان کو گرفتار کیے ہوئے لانا اور زارا کا اس کی کمر سے لپٹنا)

ٹیبلو

(ڈراپ سین)

تیسرا باب

پہلا سین

مکانِ بیرم

(بیرم کے سامنے رقص و نغمہ)

کورس :۔ تورے رے بانکے لوچن۔ پر ان پیارے موہن۔ موری رے پریت چھوڑونا۔ آؤرے بیگی آؤ۔ واری۔ واری جاؤں ساجن۔ ہاں تورے رے بانکے لوچن۔ آیو رے مورے آنگن۔ آیو رے مورے آنگن۔ واری۔ واری جاؤں ساجن۔ ہاں تورے۔۔۔

بیرم :۔ آہا! گانا بھی کیا عمدہ چیز ہے۔ کیسی ہی غمگین اور پژمردہ روح کیوں نہ ہو اس کو سن کر طبیعت بہل جاتی ہے، مگر میرا دل تو اس وقت خوش ہو گا جب میرے سر پر خاقان کا تاج اور اس ہاتھ میں عصائے سلطنت اور اس ملک کے سکّے پر میرا نام کندہ ہو گا۔ اے مضطرب روح کیوں گھبراتی ہے۔ اگر میرا آج کا سوچا ہوا داؤ چل گیا تو یہ سب کچھ بھی ہاتھ آجائے گا۔

(ماہ پارہ آتی ہے)

ماہ پارہ:۔ کیوں بیرم؟

بیرم :۔ ہیں! کون؟ حضور ہیں!

ماہ پارہ :۔ بیرم ! تم نے پھر وہی اداد کھائی۔ دیکھو! اگر تم مجھ کو حضور یا جناب کہہ کر پکارتے رہے تو میں ایسی محبت سے باز آئی۔

بیرم :۔ کیوں پیاری! کیا تہذیب سے بات کرنا بھی کوئی برائی ہے۔ اگر لغت میں یہ لفظ نہ ہوتے تو بیرم کو کس طرح معلوم ہوتا کہ اس کا دل پیاری ماہ پارہ کی محبت سے معمور ہے۔

ماہ پارہ :۔ خوب! تو معلوم ہوا کہ تمھارے دل میں میری عزت ہی عزت ہے۔ محبت نہیں۔

بیرم :۔ نہیں عزت اور محبت دونوں۔

ماہ پارہ :۔ کیا آدھے دل میں محبت اور آدھے دل میں عزت ؟

بیرم :۔ بیشک!

ماہ پارہ :۔ (سائڈ میں) جی ہاں۔ اگر سارا دل میری ہی محبت میں وقف کر دیا ہوتا تو بی دل آرا کی محبت کو کہاں رکھتے۔

بیرم (گانا) :۔ چتون نے تیر نظارہ، دل پر ہے آہ مارا۔ چتون نے تیر نظارہ، دل پر ہے آہ مارا۔

ماہ پارہ (گانا) :۔ میں دل دے کر پچھتائی۔ الفت میں نہ راحت پائی۔ چاہت سے باز آئی۔

بیرم :(گانا)۔ دل میں ہے پیت بسائی۔ یہ تن سارا، تجھ پہ واری، پیاری، ماہ پارہ، چتون نے تیر نظارہ۔

ماہ پارہ (گانا) :۔ دو دن کی سب دل داری ہے۔ بس منہ دیکھے کی یاری ہے۔

بیرم (گانا) :۔ ہے دل پر آہ مارا۔ چتون نے تیر نظارہ۔۔۔

ماہ پارہ:۔ (نثر) دیکھو بیرم! میں تم سے کہے دیتی ہوں کہ اگر تمھارا دل، دل آرا یا کسی اور خام پارا کی محبت میں گرفتار ہو گا تو وہ خنجر ایک دفعہ وفادار شوہر کے گلے پر چل چکا ہے، ایک بے وفا عاشق کے قتل کو سب سے پہلے تیار ہو گا۔

بیرم:۔ ارررر کم بختی! پیاری ماہ پارہ تمھارا دل کتنا بدگمان ہے مگر میں نے کل جو ایک بات کہی تھی کچھ اس کا بھی دھیان ہے۔

ماہ پارہ:۔ ہاں بیرم! میں تمام رات سوچتی رہی مگر مجھے کوئی تجویز نظر نہیں آئی۔ کچھ تم ہی بتاؤ۔

بیرم:۔ میں بتاؤں۔ اچھا تو سنو۔ دیکھو کوئی دیکھتا تو نہیں۔

ماہ پارہ:۔ کوئی نہیں۔

بیرم:۔ خاقان اور زارا کو قتل کرادو۔

ماہ پارہ:۔ شاید دل آرا اس کے خلاف ہو۔

بیرم:۔ ہو کیا؟ وہ تو ہے۔ دیکھو پیاری اگر تم یہ چاہتی ہو کہ سوائے تمھارے اس سلطنت کا کوئی حق دار نہ ہو اور اس عشق و محبت میں کھٹکنے والا خار نہ ہو تو ایک تدبیر کرو۔

ماہ پارہ:۔ وہ کیا؟

بیرم:۔ یہ تو میں تمھیں پہلے ہی بتا چکا ہوں کہ رعیت خاقان اور زارا کو مظلوم سمجھتی ہے اس لیے وہ جنگ کر کے اِن کو چھڑانا چاہتی ہے۔ اگر وہ دونوں آزاد ہوئے تو یہ سر اور تاج دونوں جاتے رہیں گے اس لیے میں آج دو قاتلوں کو بھیج کر خاقان کو قتل کراؤں گا۔ اس کے بعد تم قید خانے میں جا کر زارا کو اپنے ہاتھ سے خاک و خون میں ملاؤ اور اس کے قتل کا الزام دل آرا پر لگاؤ۔ اس طرح خاقان میرے ہاتھ سے، زارا تمھارے ہاتھ سے اور دل آرا باغی رعیت کے ہاتھ شہید ہو گی۔ پھر تمھارے لیے ہمیشہ کے لیے عید ہو

گی۔

ماہ پارہ:۔ اچھا! تو میں جاتی ہوں۔

بیرم:۔ ہاں! پیاری جاؤ۔

(ماہ پارہ جاتی ہے دل آرا داخل ہوتی ہے)

دل آرا:۔ خوب! خوب لیلیٰ مجنوں کی جوڑی جا رہی ہے۔ کیوں جی! اب تو خوب ملاقاتیں ہوتی ہیں۔ خوب گھُل مِل کے باتیں ہوتی ہیں۔

بیرم:۔ کیا خاک باتیں ہوتی ہیں۔ بس جانے دو ایسی باتیں نہ کرو۔

دل آرا:۔ کیوں جی! خیر تو ہے۔

بیرم:۔ پیاری شاید زمانے کا خون سفید ہو گیا ہے یا ان ستاروں کا کچھ الٹا بھید ہو گیا ہے۔

دل آرا:۔ ہیں! ایسا بھیانک مضمون۔

بیرم:۔ خون! خون! پیاری دل آرا تمھارا خون۔

دل آرا:۔ میرا خون؟ سبب؟

بیرم:۔ یہ تو سب کو معلوم ہے کہ رعیت خاقان اور زارا کو مظلوم سمجھتی ہے اس لیے بلوہ کر کے انھیں چھڑانا چاہتی ہے، اس وجہ سے ماہ پارہ کو یہ وسواس ہو گیا ہے کہ اگر وہ دونوں قید سے چھوٹے تو یہ سر اور تاج دونوں جاتے رہیں گے۔ اس لیے آج ہی رات کو خاقان کو دو قاتلوں سے قتل کرائے گی اور زارا کو اپنے ہاتھ سے خاک و خون میں ملائے گی اور اس کے قتل کا الزام تم پر لگائے گی۔

دل آرا:۔ اُف اس قدر نیت میں فتور!

بیرم:۔ ہاں پیاری! اب تم سمجھ گئی ہو گی کہ اس کا کیا مطلب ہے۔

دل آرا:۔ یہی کہ خاقان کو قاتلوں کے ہاتھ سے زارا کو اپنے ہاتھ سے اور مجھے باغی رعیت کے ہاتھ سے قتل کرائے۔

بیرم:۔ اور خود تاج و تخت کی مالک بن جائے مگر تم اس سانپ کو ڈسنے کا موقع ہی کیوں دو؟ کیا ایسا نہیں ہو سکتا کہ جس وقت اس کی چھری زارا کے خون میں ڈوب چکی ہو تو فوراً تم وہاں پہنچ جاؤ اور شور کر کے اسے گرفتار کراؤ اور آج رات کو جس قدر مدد مجھ سے پہنچ سکے گی پہنچاؤں گا۔ صبح کو تمھیں اس ملک کی اکیلی ملکہ بننے کی مبارک باد دینے سب سے پہلے میں ہی آؤں گا۔ (سائڈ) میں) قبرستان میں۔

دل آرا:۔ ٹھیک! تو میں جاتی ہوں اور اس کی ٹوہ لگاتی ہوں۔ (جاتی ہے)

بیرم:۔ ہاں جاؤ سدھارو۔ ہا! ہا! ہا! واہ میاں بیرم! خوب گھسّا دیا۔ واللہ ان سیانی ڈائنوں کو شیشے میں اتارنا یاروں ہی کا کام ہے۔ یہ تو سب کو معلوم ہے کہ ماہ پارہ، دل آرا سے طاقت اور جوش میں کہیں زیادہ بڑھ کر ہے۔ جب یہ بھتنی اس چڑیل سے لپٹے گی تو اس کے ایک ہی وار میں اِس کا بیڑا پار ہو گا۔ پھر باقی رہا ہی کون۔ ماہ پارہ یا کوئی اور۔ تو وہ میرے طمنچے یا رعایا کے فیصلے کا شکار ہو گا۔ پھر بندہ اکیلا ہی اس ملک کا مالک و مختار ہو گا۔

بیرم (گانا):۔ من متوالا، سب سے نرالا، رنگت والا، بھر بھر پیالہ، پی جام اعلیٰ۔ لا۔ لا جی کب تک ساقی ترسے، بادل سے وسکی برسے۔ آہاہاہا! رنگ راگ اُڑا بے لاگ اُڑا۔ ہاں کاگ اُڑا! دے بھر بھر پیالہ۔ پی جام، بھر جام اعلیٰ۔

(سین ختم)

دوسرا سین

قید خانہ

(پھاٹک کا بند ہونا اور پلنگ پر خاقان کا لیٹے ہوئے اور اس کی چھاتی پر زارا کا ہاتھ رکھے ہوئے سر نیچا کیے گاتے دکھائے دینا)

زارا(گانا):۔

اے نصیب رحم کر تو ہمیں کیوں ستا رہا ہے
ہنسے کب تھے اس قدر ہم جو تو یوں رُلا رہا ہے

خاقان:۔(خود سے) غریب! بوڑھا! بیکس! رحم! رحم!

زارا:۔

جلتی ہے جان، آگ لگے اس نصیب کو
آرام نیند میں بھی نہیں، اس غریب کو

زارا(گانا):۔

میں کسی کا مدعا ہوں، کہ امید بے صلہ ہوں
اے مرے خدا میں کیا ہوں جو فلک ستا رہا ہے

خاقان:۔ پکڑو۔ مارو۔ جلا دو۔ انھیں دونوں نے مجھ بوڑھے شخص کو ٹھوکروں سے مارا ہے۔ انھیں دونوں نے زبردستی میرے سر سے تاج اُتارا ہے۔

زارا:۔

بے چینیوں کا تیری عوض کر دگار دے

اے مضطرب دماغ بس اب تو قرار دے

گانازارا:۔

بنے اشک جان و دل تک، لہو بن کے بہہ گئے سب

روئیں کیا غریب آنکھیں کہ اب ان میں کیا رہا ہے

اے نصیب رحم کر تو۔۔۔

(زارا کا گاتے گاتے سو جانا، دو جلادوں کا اندھیرے میں آنا)

جلّاد(۱):۔ سوتا ہے!

جلّاد(۲):۔ بول!

جلّاد(۱):۔ مار!

جلّاد(۲):۔ کیا نیند میں؟

جلّاد(۱):۔ تو کیا جگائے گا؟

جلّاد(۲):۔ چپ! وہ جاگی۔

زارا:۔ تم! تم! تم کون ہو؟

جلّاد(۲):۔ غُل نہ مچاؤ۔

جلّاد(۱):۔ ادھر آؤ۔

زارا:۔ تم کیا چاہتے ہو؟ تمھارا کیا مطلب ہے؟ ٹھہرو میں ابّا جان کو جگا دوں۔

جلّاد(۱):۔ اب وہ نہیں جاگ سکتا۔

زارا:۔ تمھاری آنکھوں سے مجھے ڈر معلوم ہوتا ہے۔ تم کون ہو؟

جلّاد(۲):۔ دو آدمیوں کے لباس میں ایک شخص کی موت۔

زارا:۔ موت! کس کی؟

جلّاد(۱):۔ اِس کی۔

زارا:۔ اِس کی! کیا تم اِسے شہید کرنے آئے ہو؟ اس سے کیا قصور ہوا ہے؟ اِس نے کیا گناہ کیا ہے؟

جلّاد(۲):۔ کوئی نہیں۔

زارا:۔ تو پھر! اِس غریب کا قتل کیوں منظور ہے؟ کیا اس لیے قتل کرتے ہو کہ یہ بے قصور ہے؟

جلّاد(۱):۔ چپ رہو! جب ہم اپنے ہاتھ کا وار اور چھری کی دھار کو آزماتے ہیں تو نصیحت سننے والے کان اپنے ہمراہ نہیں لاتے ہیں۔

زارا:۔ مگر آنکھیں تو ہمراہ ہوتی ہیں۔

جلّاد(۱):۔ وہ سوائے ایک تڑپتی ہوئی لاش کے اور کچھ دیکھنا نہیں چاہتیں۔

زارا:۔ مگر بھائیو! تم تھوڑی دیر کے لیے انھیں مجبور کرو تاکہ تمھاری روح کی بھلائی پر بھی نظر ڈالیں۔ میرے بھائیو! یہ احسان و مروت کی دنیا کا چراغ جس کے گِرد معصومیت جگنو کی طرح ہالا کیے ہوئے ہے، جو دنیا کا دوست تھا اور جس کے آج تم دشمن بن گئے ہو، اگر اس غریب کو تم نے قتل بھی کیا، تو کیا پھل پاؤ گے؟ آخر اپنے کیے پر پچھتاؤ گے۔ طاقت اور زور تھا وہ بڑھاپے نے لوٹ لیا۔ دولت و سلطنت تھی وہ ظالم بیٹیوں نے چھین لی۔ ہوش وحواس تھے وہ مصیبت نے لے لیے۔ اب مٹھی بھر ہڈیاں اور کمزور سسکتی ہوئی جان باقی ہے وہ بھی تمھارے کام نہیں آسکتی۔ سانسیں ہوا میں مِل جائیں گی۔ ہڈیاں گل کر خاک ہو جائیں گی۔ جان خدا کے پاس پہنچ جائے گی۔ اگر کچھ باقی رہے گا تو میرے لیے ماتم و اضطراب اور تمھارے لیے دنیا کی رسوائی، خدا کی لعنت اور جہنم کا

عذاب۔

جلّاد (ا):۔ اگر ہم کو اس کام سے باز رکھنے کے لیے کوئی جہنم میں لے جائے اور پھر وہاں سے واپس لائے تب بھی ہم یہی کام کریں گے۔

زارا:۔ یعنی؟

جلّاد (ا):۔ یعنی اس کا کام تمام کریں گے۔

زارا:۔ افسوس! تم نے ثابت کر دیا کہ تم مٹی کے نہیں بلکہ پتھر کے بنے ہوئے ہو۔ میرے بھائیو! میں ایک شہزادی ہو کر تم سے بھیک مانگتی ہوں کہ میرے باپ کی زندگی بخش دو۔

جلّاد (ا):۔ بس چپ رہو۔

زارا:۔ دیکھو میری طرف دیکھو۔

جلّاد (ا):۔ اِدھر آؤ۔

زارا:۔ سنو۔ میری سنو۔

جلّاد (ا):۔ میں کہتا ہوں چپ۔

(خاقان کا سوتے سے اٹھنا)

خاقان:۔ تم کون؟ چھوڑ دو۔ چھوڑ دو۔ میری زارا کو چھوڑ دو۔ ورنہ میں اپنے دانتوں سے۔۔۔

(جلادوں کا خاقان کا منہ بند کر کے پکڑ کے لے جانا)

زارا:۔ ہائے! ہائے ظالمو! کیا کرتے ہو؟ خدا کے لیے میرے باپ پر ترس کھاؤ۔

(بے ہوش ہو کر گر جانا)

(ماہ پارہ کا آنا)

ماہ پارہ:۔ سوتی ہے۔ وہ جاگی۔ (ماہ پارہ کا چھُپ جانا)

زارا:۔ بھیڑیے آئے اور اس کو پکڑ کر لے گئے۔

ماہ پارہ:۔ کمبخت ابھی تک اپنے باپ کو یاد کر کے رو رہی ہے۔

زارا:۔ آسمان سن رہا تھا۔ یہ زمین دیکھ رہی تھی۔ یہ دیواریں پاس کھڑی تھیں مگر کسی نے ترس نہ کھایا، کسی نے اس کو نہ بچایا۔

ماہ پارہ:۔ اب تجھے بھی کوئی نہ بچائے گا۔

زارا:۔ کون! ماہ پارہ! میری اچھی بہن! دوڑ۔ دوڑ۔ ورنہ بیچارہ غریب قتل کر دیا جائے گا۔

ماہ پارہ:۔ کون غریب، کون بیچارہ؟

زارا:۔ اری تو نہیں جانتی! وہی غریب جس کی بدولت آج تو شہزادی کہلاتی ہے۔

ماہ پارہ:۔ تو کیا تیرا باپ؟

زارا:۔ میرا باپ! تو کیا وہ تیرا باپ نہیں ہے؟ کیا اس کے گوشت اور لہو سے میں ہی پیدا ہوئی ہوں؟ تو نہیں؟ میری اچھی بہن تو اس کی مہربانیوں کو اس قدر جلدی تو نہ بھول جا۔ کچھ تو اس کی محبت کو یاد کر۔ اگر اور کچھ نہیں کر سکتی تو صرف اتنا ہی کر کہ ان ظالموں کے ہاتھ سے اسے آزاد کرا۔

ماہ پارہ:۔ وہ آزاد ہی کرنے کے لیے لے گئے ہیں۔

زارا:۔ ارے نہیں وہ اُسے قتل کرنے کے لیے لے گئے ہیں۔

ماہ پارہ:۔ وہ قتل ہی کرنے کے لائق ہے۔

زارا:۔ اری یہ تو کہتی ہے جو اس کی بیٹی ہے۔ کیا اُس منہ سے یہ ناپاکی ظاہر ہوتی ہے جس کو اس غریب فرشتے نے سینکڑوں بار پیار و محبت سے چوما ہے۔

ماہ پارہ:۔ بس خاموش ورنہ زبان کاٹ لی جائے گی۔

زارا:۔ اگر تو زبان کاٹ لے گی تو میں آنکھوں کے اشارے سے سمجھاؤں گی۔

ماہ پارہ:۔ وہ بھی پھوڑ دی جائیں گی۔

زارا:۔ تو میں اپنا سر اس غریب کے لیے تیرے قدموں پر جھکاؤں گی۔

ماہ پارہ:۔ وہ بھی علیٰحدہ کر دیا جائے گا۔

زارا:۔ اللہ۔ اللہ۔ تو اتنی جلاّد ہے!

ماہ پارہ:۔ کمبخت یہ تو معمولی بیداد ہے۔

زارا:۔ سبب؟

ماہ پارہ:۔ بے سبب!

زارا:۔ گناہ؟

ماہ پارہ:۔ بے گناہ!

زارا:۔ قصور؟

ماہ پارہ:۔ بے قصور!

زارا:۔ یہ جفاکاری!

ماہ پارہ:۔ مرضی ہماری!

زارا:۔ رحم رحم جلاّد رحم! او خدا!

ماہ پارہ:۔ بس ہو چکا اب سر جھکا۔

ماہ پارہ:۔ (خود سے) ہیں یہ کیسی آواز ہے! کوئی اندر تو نہیں چھپا۔ ذرا دیکھ آؤں۔

زارا:۔ ہائے! ہائے کوئی ترس کھانے والا نہیں۔ کوئی بچانے والا نہیں۔ اب کیا کروں؟ کہاں جاؤں؟ ہاں وہاں چھپ جاؤں۔

(زارا کا چھپ جانا۔ بیرم اور دل آرا کا نشہ کی حالت میں آنا)

دل آرا:۔ پلنگ تو خالی ہے۔

بیرم:۔ شاید وہ زارا کو قتل کرنے کے لیے دوسرے کمرے میں لے گئی ہو۔

دل آرا:۔ اچھا تو میں یہیں ٹھہرتی ہوں۔ جس وقت وہ خون میں ڈوبی ہوئی نکلے۔

بیرم:۔ تو فوراً تم شور مچا کر اس کو پکڑوا دینا۔

دل آرا:۔ اور تم بھی جس وقت میری آواز سنو فوراً باہر آ جانا۔ آ۔ آ۔ اوا جل رسیدہ ماہ پارہ آ۔ دیکھ تو سہی۔ کہ تیری چالا کیاں آج تیرے لیے کیا کیا جال بچھاتی ہیں۔ مگر ہاں۔ بیرم نے حوصلہ بڑھانے کے لیے شراب کس قدر پلا دی ہے کہ میری آنکھیں بند ہوتی جا رہی ہیں۔ (پلنگ پر لیٹ جانا، ماہ پارہ کا آنا)

ماہ پارہ:۔ کوئی نہیں۔ اب میں اپنا کام کروں۔ لے اے ناپاک! خس کم جہاں پاک!

(دل آرا کے خنجر مارنا)

دل آرا:۔ آہ۔ قاتل۔ سفّاک۔

زارا:۔ اوہ! غضب!

ماہ پارہ:۔ ہیں یہ کون؟ زارا! اور یہ کون؟ دل آرا! ہیں یہ میں نے کیا کیا؟

دل آرا:۔ جو تو چاہتی تھی۔

ماہ پارہ:۔ میں کیا چاہتی تھی دل آرا۔

دل آرا:۔ یہی کہ زارا کا خون بہائے اور اس کا الزام مجھ پر لگائے۔

ماہ پارہ:۔ دل آرا! دل آرا! تو دھوکا کھاتی ہے۔

دل آرا:۔ نہیں! نہیں! دھوکا نہیں۔ بیرم تم خاموش کھڑے ہو۔ بولتے کیوں نہیں؟

ماہ پارہ :- تو کیا یہ سب بیرم نے کیا؟

بیرم :- ہائے- ہائے- یہ کمبخت تو سب کچھ کہہ دے گی۔ اب یہاں سے بھاگنا چاہیے۔

ماہ پارہ :- ٹھہر! او نمک حرام غلام تو کہاں جاتا ہے؟

(بیرم کا بھاگنا چاہنا۔ ماہ پارہ کا بیرم کو اور بیرم کا ماہ پارہ کو پستول مارنا، دونوں کا مر جانا)

ٹیبلو

(سین ختم)

تیسرا سین

تاریک جنگل

(جلادوں کا خاقان کو قتل کرنے کے لیے لانا۔ شوہر زارا کا پستول سے جلادوں کو مارنا اور خاقان کو چھڑا کر لے جانا)

ٹیبلو

(سین ختم)

چوتھا سین

دربار

اہلِ دربار (گانا) :۔ لاثانی۔ لا ثانی۔ ہے شان یزدانی۔ دکھائی فصلِ شادمانی۔ در و دیوار سے، شہر و بازار سے، نقش و نگار سے، ہے اظہار، جوشِ خمار، رنگِ بہار، باغِ جہاں پہ ہے چھایا نکھار۔ ہر خار زار ہے گل زار۔ باغِ پُر بہار۔ لاثانی۔ لاثانی۔

زارا:۔ ابّا جان !قدم رنجہ فرمایئے۔ یہ تاج و تخت جو مدت سے آپ کے قدموں سے محروم ہو گیا تھا۔ اسے پھر دوبارہ مبارک بنایئے۔

خاقان:۔ بس !اے میرے خون کے سب سے زیادہ پاک قطرے !اب میرا تخت وہ لکڑی کا تختہ ہو گا جس پر موت سلا کر بادشاہوں کے بادشاہ کے دربار میں لے جائے گی اور میری قبا وہ قبا ہو گی جو مرنے کے بعد دو گز کفن وہ اپنے ہاتھوں سے پہنائے گی۔

زارا:۔ ابّا جان!

خاقان:۔ باپ کی جان قربان !غور تو کر کہ یہ وہی ہاتھ ہیں جنھوں نے مغرور ہو کر تیرا حق چھینا تھا۔ اب اس کے انصاف کو دیکھ کہ انھیں ہاتھوں سے تیرا حق تجھے واپس دلاتا ہے۔

ارسلان:۔

یوں پاتے ہیں اعزاز جو کرتے ہیں عمل نیک

اہلِ دربار:۔

نیکی کا زمانے میں سدا ملتا ہے پھل نیک

خاقان:۔ میرے شریف دوست تم نے میری جو خدمت کی ہے اس کا شکریہ میں زبان سے ادا نہیں کر سکتا۔

ارسلان:۔ حضور اس غلام کو بار بار کیوں شرمندہ کرتے ہیں۔ سوائے افسوس کے اور کون سی وفاداری اس خانہ زاد سے وقوع میں آئی۔ سچّی ہمدردی اور ہمیشہ یاد رکھنے والی وفاداری وہ تھی جو شریف سعدان نے دکھائی۔

خاقان:۔ ہائے! میرا باوفا سعدان۔ شہیدِ جفا سعدان۔

ضحّاک، نہ فرعون، نہ شدّاد نے کیا

جو تجھ پر اور مجھ پر اس اولاد نے کیا

سینے میں ہو گیا ہے دلِ ناامید خون

دیکھا تو کیا سنا بھی نہ ایسا سفید خون

شوہر زارا:۔ حضور جو خدا کو منظور تھا اس کا ہونا ضرور تھا۔

خاقان:۔ آؤ میرے پیارے بچو۔ ایک مرتبہ دوبارہ میرے سامنے ہاتھ ملاؤ۔

اہلِ زمیں پہ صورتِ مہرِ فلک رہو

زندہ رہو نہال رہو حشر تک رہو

اہلِ دربار (گانا):۔ آؤ مِل کر شادی رچائیں۔ ناچیں۔ گائیں۔ تازہ کھلا گلزار آؤ مِل کر شادی رچائیں۔ جوڑا شاہانہ۔ کیا ہے سہانا۔ جوبن کی کیسی بہار۔ پیاری دلاری شہزادی۔ ہماری گاؤ مبارک بادی۔ آؤ مِل کر شادی رچائیں۔ کھِلی کھِلی کیسی چمپا کلی۔ جوڑی کیسی سندر پیاری ملی۔ واری واری سکھیاں۔ گاؤ گاؤ سکھیاں۔ ناچو ناچو سکھیاں۔ دھا کٹ تک دھم۔ دھر۔ دھر کٹ تک۔ دھا کٹ۔ آؤ مِل کر شادی رچائیں۔ ناچیں گائیں۔

(ڈراپ سین)

* * *